*트랜스*휴머니즘과
*포스트*휴머니즘

트랜스휴머니즘과
포스트휴머니즘

| 이혜영 · 안지현 · 유수연 · 김예원 지음

책머리에

(미래에) 기계는 훨씬 더 인간같이 될 것이고, 인간은 훨씬 더 기계같이 될 것이다.

- Rodney Brooks

지금 인류는 인간 향상(강화) 기술인 유전학, 인지과학, 로봇공학, 나노기술 등의 발달로 인간과 기계의 경계가 해체되는 시대를 살고 있다. 산업 및 정보 혁명기를 거쳐 우리의 삶은 전에 없는 변화를 맞이하여, 각 개인의 필수품인 스마트폰과 컴퓨터가 상용 보편화된 것은 물론, 내비게이션, 스마트폰 어플리케이션, 구글 검색 및 번역기와 같은 약인공지능(Artificial Narrow Intelligence)들이 생활상에 많은 편의를 제공한다. 뿐만 아니라, 현재 우리 사회에서는 인공지능, 빅 데이터, 모바일과 같은 첨단의 정보통신 기술로 인해 제4차 산업혁명에 관한 논의가 활발하게 진행되고 있다.

미래학자 레이 커즈와일(Ray Kurzweil)은 이처럼 기술의 진화속도가 가속화되고 그것을 유지하는 현상을 '수확 가속의 법칙(Law of Accelerating Returns)'이라는 개념으로 설명한다. 이 법칙은 초지능(Superintelligence, 자체 개량이 가능한 강력한 인공지능)을 야기하고, 그로 인해 '기술적 특이점(Technological Singularity, 인공지능이 인간의 지능을 넘어서서 엄청난 변화가 이루어질 시기)'을 유발한다. 이것은 공상과학이 아닌, 과학자와 미래학자들이 과학적 분석을 근거로 도출한 논리적인 판단이자 예측이다. 지난 과거의 역사는 끊임없는 변화와 발전의 연속이었다. 이제는 선봉에 선 과학이 그 힘과 지혜로 어떠한 형태로든 한층 더 진보된 미래를 탄생시킬 것이다.

인간은 누구나 건강한 신체와 윤택한 삶, 불로장생(不老長生)을 욕망한다. 다소 허무맹랑하게 들릴지 모르는 이러한 욕망과 현대 첨단과학기술의 혁명은 '여기'의 인간과 '너머'의 인간을 극명히 나누고 있다. 이제 새로운 인류는 머지않은 미래에 원하는 성별을 선택하거나 노화를 방지하고, 장애 혹은 불치병을 사전에 판별하여 치료할 수 있다.

한편, 물리학자 스티븐 호킹(Stephen Hawking)을 비롯한 다른 일각에서는 이러한 과학기술이 생존자체를 위협하여 인류종말을 야기할 것이라는 비판과 우려의 시선을 보낸다. 만약 컴퓨터가 인간의 뇌를 능가하는 처리능력을 갖춘다면, 의식을 가진 인공지능이 인간의 유일한 권리마저 쟁취한다면, 인공지능 로봇이 단순한 보조수단을 벗어나 인력을 대체하여 노동시장을 점유한다면…… 우리는 이와 같은 질문 앞에서 이것이 현실화 될 가능성과 또 비로소 실재하였을 때, 인류 존망을 놓고 큰 혼란을 겪을 것이다.

따라서 이는 과학만이 아닌, 철학과 윤리학의 영역까지 이어질 수 있다. 전통적인 휴머니즘이 과학기술과 결부되면서 새로운 사조(운동)인 '트랜스휴머니즘(Transhumanism, 첨단의 기술로 인간의 정신적·육체적 한계를 개선하려는 사상)'과 '포스트휴머니즘(Posthumanism,

인간 종(種)에 대한 새로운 성찰을 바탕으로 인본주의를 재구성하려는 사상'이 대두된다. 인류를 인위적으로 변형시킨다는 인문학적 화두에 대해 각 전문분야의 옹호자와 비판자들 간에 의견대립이 팽팽하다. 포스트휴먼의 시대, 그 혼종의 사이보그 시대에서 새로운 인간(성) 및 새로운 윤리는 무엇인가? 21세기를 살아가는 현재의 우리는 기계문명으로 인한 사회적·정치적·종교적 영향력을 탐구하고, 과학기술의 적용에 대해 올바르게 판단하며 인간으로서의 윤리의식을 성찰할 필요가 다분하다.

문제는 과학 인문학의 새로운 트렌드로 급부상하고 있는 트랜스/포스트 휴머니즘 영역이 그 중요성에도 불구하고, 이렇다 할 교양서나 관련 전문서적의 출간이 그리 활발하지 않은 게 사실이다. 이 책의 기획과 의도 또한 그러한 연유에서 출발한다. 이 책은 2017년도 2학기 대학원 정형철 교수님 담당 영미문화 세미나의 결과물을 기반으로 하여 수행되었다. 번역과 발표, 토론으로 이루어진 일련의 과정을 통해 영문학도로서 과학 인문학적 주제, '트랜스휴머니즘과 포스트휴머니즘'을 이해하기란 생각보다 만만찮은 일이었다. 그러나 그럼에도 불구하고 우리를 미궁으로 몰아넣는 미래의 인간과 그 세계는 가슴 설레는 미답의 영역이었다. 그렇다면 과연 인간과 기술의 관계를 어떻게 이해하고 설정할 것인가의 문제는 본문에서 심도 있게 살피게 될 것이다.

전체 내용은 도합 3부로 구성되어 있으며, 자료의 원문은 '위키피디아' 영문판(en.wikipedia.org, 다국어 인터넷 백과사전)에 수록된 <트랜스/포스트 휴머니즘>(Trans/Post Humanism)으로 파트를 각기 분담하여 일차적으로 번역하고 다시 윤독한 후 내용을 재검토하였다. 추가적으로 보충설명을 요하는 대목은 기타 관련 자료들을 참고하였다.

<PART 1>은 트랜스휴머니즘 논의의 발단에서 현재까지의 전개 과정, 이에 수반되는 각종 이론과 비평들, 인간 강화(human enhancement)의 실제 적용사례, 예술·문화적 측면에서의 트랜스휴머니스트적인 양상, 그리고 활발하게 대두되는 주요 쟁점들을 소개한다.

<PART 2>는 트랜스휴머니즘과 포스트휴머니즘 이론 간의 관계성, 트랜스휴먼과 인간 이후의 존재자로서 포스트휴먼에 대한 제반 담론들, 대중적·비판적 포스트휴머니즘의 갈래적 속성, 신체화(embodiment)에 따른 대립적 견해 및 관련 비평, 포스트사이보그주의(post-cyborgism)와 같은 신개념의 생성 등을 다룬다.

<PART 3>은 공동저자 가운데 이혜영의 박사학위 논문인『타자성의 윤리학: 메리 셸리의『프랑켄슈타인』과 비판적 포스트휴머니즘』을 요약 정리한 내용이다. 여기에서는 인간중심주의를 극대화시킨 트랜스휴머니즘의 이면과 타자화(othering)된 트랜스휴먼의 비극을 통해 궁극적 지향점을 새롭게 모색하고, 포스트휴먼의 존재양식과 윤리학의 연결고리에 초점을 맞추었다.

아무쪼록 독자 여러분들께서 전문성이나 신빙성, 활용도가 높은 위키피디아의 특정 내용 번역과 가장 최근의 관련 논문을 통해 과학 인문학에 대한 새로운 흥미를 갖게 되었으면 한다. 이 책은 가까운 장래에 각종 매체에서 심심찮게 등장할 신조어의 이해도를 높이고 전문성과 정보력을 확보하는 데에도 좋은 기회가 될 것이다. 그러나 사실 이 책은 향후 연구의 중간보고 형식을 지닌다. 그러한 까닭으로 번역 과정에서 빠뜨리거나 미처 확인하지 못한 부분 등 적잖은

오류가 따를 수 있다. 대체되면 좋을 용어나 표현들이 발견되면 알려주시길 바란다. 끝으로 본서의 출간을 위해 애써 주신 한국학술정보(주) 출판사업부의 이강임 기획팀장님, 조가연 대리님께 감사드린다. 그리고 무엇보다도 이 책이 발간되기까지 아낌없는 지도 조언과 애정 어린 관심으로 도와주시고, 부록의 글도 아울러 게재해 주신 정형철 교수님께 깊은 감사를 드린다. 이번에 퇴임하시는 교수님께 작은 선물이라도 되었으면 한다.

2018. 1.

❏ Contents

트랜스휴머니즘
Transhumanism

1. 트랜스휴머니즘 역사

트랜스휴머니즘이란 무엇인가?

트랜스휴머니즘(Transhumanism), 간단히 표현해서 H+ 또는 h+라고 표시하는 이 이념은 인간의 지적, 신체적, 생리적 능력을 강화시키는 정교한 기술의 창조와 발전으로 인간 조건을 변화시키는 것이 목적인 세계적이고 지적인 운동이다. 스웨덴 철학자 닉 보스트롬(Nick Bostrom)*은 「트랜스휴머니스트 사상의 역사(A history of transhumanist thought)」라는 글에서 "새로운 능력을 얻고자 하는 인간의 열망은 우리 종의 기원만큼 오래 된 것이다. 우리는 항상 우리 존재의 범위를 사회적으로나, 지리적으로, 그리고 또는 정신적으로 넓히는 방법을 찾아 왔다. 일부 개인들은 항상 인간의 삶과 행복에 장애가 되거나 한계가 되는 모든 것을 극복하는 방법을 찾는 경향을 보여준다."고 말한다. 가장 일반적인 이론은 인간 존재가 결국에는 그들 스스로를 자연적 조건에서 포스트휴먼이라고 지칭되는 확장된 능력을 가진 존재로 변화시킬 수가 있다는 것이다. 또한 트랜스휴머니즘 사상가들은 근본적인 인간 한계를 극복할 수 있는 기술의 출현에 따른 잠재적 이득과 위험을 연구하고 그러한 기술을 사용하는 것에 따른 윤리적 문제들도 연구한다.[1]

과학소설(Science Fiction)의 중요한 작품들의 영향으로, 변화된 미래의 인류에 대한 트랜스휴머니스트 비전은 철학계와 종교계를 포함한 넓은 범위의 관점에서 많은 지지자들과 비판자들을 불러 모았다. 비평가 프랜시스 후쿠야마(Francis Fukuyama)*는 트랜스휴머니즘을 세상에서 가장 위험한 이념으로 특징지었지만,[2] 반대로 로널드 베일리(Ronald Bailey)는 트랜스휴머니즘이 오히려 "가장 대담하고, 용감하며, 창의적이고 인류의 열망에 가장 알맞은 운동이다."라고 대응했다.[3]

닉 보스트롬에 따르면 초월주의적 충동들은 『길가메시 서사시(*The Epic of Gilgamesh*)』[4]에서 볼 수 있는 것과 같이 불멸성과 젊음의 분수(Fountain of Youth)에 관한 탐험, 불로장생 약 추구, 그리고 그 외 노화나 죽음을 피하려는 노력들을 통해 오래 전부터 표현되었다고 할 수 있다.[5]

▲ 길가메시 서사시가 새겨져 있는 석판

그는 초월주의적 충동에 의해 휴먼에서 트랜스휴먼 단계를 거친 후의 포스트휴먼을 다음과 같이 정의한다. 포스트휴먼이란, 아래의 세 가지 포스트휴먼적인 능력(posthuman capacity) 중 적어도 한 가지를 가진, 즉 새로운 과학기술을 이용하지 않은 현재의 (평범한)인간이 최대치로 도달할 수 있는 것을 훨씬 넘어선 존재를 말한다.

- 건강수명(healthspan) - 정신적·육체적으로 완전히 건강하고 적극적이며 생산적인 상태로 유지하는 능력
- 인지(cognition) - 기억력, 추리력, 주의력과 같은 일반적인 지능 능력과 음악, 유머, 에로티시즘, 서사, 영성, 수학 등을 이해하고 감정하는 특별한 능력
- 정서(emotion) - 삶을 즐기고, 생활 속의 상황과 정서로 타인에게 적절히 응대할 수 있는 능력(Bostrom, 2008: 1-2)

닉 보스트롬
(1973. 3. 10.~)

 닉 보스트롬은 스웨덴 철학자이자 미래학자이다. 또한 그는 『초지능: 경로, 위험성 전략(Superintelligence: Paths, Dangers, Strategies, 2014)』, 『인류의 편향: 과학과 철학에서 관찰 선택 효과(Anthropic Bias: Observation Selection Effects in Science and Philosophy, 2002)』 등을 포함한 200권 이상의 저서를 출판한 작가이다. 보스트롬은 2009년과 2015년에 『포린 폴리시(Foreign Policy)』가 선정한 세계 100대 지식인에 선정된 바 있다.

그는 세계 트랜스휴먼 협회(WTA)를 창설했으며 2002년에 「트랜스휴머니스트 선언(The Transhumanist Declaration)」을 채택했다. 8개 항목으로 구성된 이 선언에서 그는 인간이 장차 과학과 기술에 의해 노화, 인지적 결함, 불의의 고통을 극복하고 지구의 한계를 벗어남으로써 인간의 잠재력을 확장할 수 있을 것이라 말한다.

그러나 보스트롬은 초지능이 등장하기 전에 통제력에 관한 문제가 해결되지 않는다면, 인공지능 연구에 있어서 미래적 진보가 휴머니티에 극도의 위험성을 초래할 것이라 말한다. 그는 AI 개체 장악(AI Singleton takeover)과 계획적인 인류 멸망(extermination-of-humanity)의 시나리오 이외에도 초지능에게 악의 없는 임무가 주어졌을 때, 일종의 부작용으로써 그가 인류를 무자비하게 파괴할지도 모른다고 경고한다. 보스트롬은 AI로부터 획득할 잠재적 이익은 부정할 수 없으나 통제력 문제에 관한 해결책은 절대적으로 우선시되어야 한다고 덧붙인다.

프랜시스 후쿠야마(Francis Fukuyama)는 일본계 미국인으로 정치과학자이자 정치경제학자이다. 미국 국무부 정책기획실 차장과 조지메이슨 대학교 공공정책학과 교수, 존스홉킨스 대학교 국제관계대학원 학장을 거쳐 현재는 스탠포드대학교 정치학 석좌교수로 있다. 세계적인 미래 정치학자이자 역사철학자로 『역사의 종말(*The End of History and the Last Man*)』, 『트러스트: 정치질서의 기원(*Trust*)』 등의 세계적 베스트셀러를 남겼다.

FM-2030*은 1966년, 뉴욕시에 위치한 뉴 스쿨(The New School)에서 '인간에 대한 새로운 개념(New concepts of the human)'을 강연하는 자리를 빌려 '트랜스휴머니즘'이란 용어의 현대적 의미를 형성한 바 있다. 그 때에 그는 사람들의 생활양식이나 기술, 세계관이 '트랜스휴먼'이라고 지칭되는 진화된 인류(포스트휴머니티)로 변천해가고 있다는 것을 감지했다.

> 트랜스휴먼은 휴먼과 포스트휴먼의 중간 단계의 형태이다.[6] 다시 말해, 트랜스휴먼은 거의 모든 측면에서 인간과 닮은 존재이지만, 인간의 기준을 넘어서는 힘과 능력[7] - 이를테면 향상된 지성, 의식, 체력, 내구력 - 을 지닌다. 트랜스휴먼은 때때로 공상과학소설에서 사이보그나 유전적으로 강화된 인간의 모습으로 나타난다.

FM-2030은 1989년에 출판한 저서 『당신은 트랜스휴먼입니까?: 급변하는 세계 속 개인적 생장률의 검토와 자극(*Are You a Transhuman?: Monitoring and Stimulating Your Personal Rate of Growth in a Rapidly Changing World*)』을 통해 트랜스휴머니스트로서 주목받는다. 그의 주장은 영국 철학자인 맥스 모어(Max More)가 1990년대에 트랜스휴머니즘의 원리를 미래적 철학으로 표현하기 시작하는 지적 토대이자 기본원리가 되었고, 또한 세계적인 트랜스휴머니스트 운동으로 성장한 지식인 단체를 캘리포니아에서 조직하는 배경이 되었다.[8]

FM - 2030
(1930. 10. 15.~2000. 7. 8.)

FM - 2030은 벨기에 태생의 이란계 미국인 작가이자 교사, 트랜스휴머니스트 철학자, 미래학자이다. 그는 F.M. 에스판 디어리(F. M. Esfandiary)라는 본명으로 수많은 작품 활동을 하던 중 그가 집산주의적(collectivist) 사고방식에서 기인한 것으로 간주하는 명명규칙(naming conventions)의 시행에서 탈피하고자 법적개명을 한다. 에스판 디어리가 이름을 FM-2030으로 바꾼 이유 중 한 가지는 그가 100번째 생일을 2030년에 맞을 것이라 기대하고 믿었기 때문이다. 그는 2030년을 마술 같은 시간(magical time)이라고 표현했다. 2030년엔 모든 사람들이 영원히 살 수 있는 기회가 있을 것이기에 그 날이 꿈이자 목표라고 말했다.

초창기 트랜스휴머니스트 사상

트랜스휴머니즘의 기본 견해는 1923년 영국의 유전학자인 J.B.S. 홀데인(J.B.S. Haldane)의 『다이달로스(*Daedalus: Science and Future)*』에서 볼 수 있다. 그는 여기서 진보한 과학을 인간 생체에 적용함으로써 엄청난 혜택을 볼 수 있을 것을 예견하였고 모든 그러한 진보는 처음엔 누군가에게 신성모독이나 타락, 즉 '외설적이고 비정상적인' 것으로 나타날 것이라고 말하였다. 특히 그는 우생학과 체외발생학(인공적인 환경에서 생명을 탄생시키거나 존재하게 하는 것) 그리고 건강이나 지능과 같은 인간 특성을 개선시키는 유전학적 적용에 관심이 있었다.

그의 글은 학술적으로 영감을 주었고 대중의 관심 또한 불러 일으켰다. 캠브리지의 결정학자(crystallographer)인[9] J.D. 버날(J.D. Bernal) 은 1929년에 『세속의 유혹(*The world, the Flesh and the Devil)*』을 썼고, 거기에서 그는 우주 식민지화의 가능성과 생체공학적인 주입과 인식강화를 통한 인간 신체와 지능의 급진적인 변화의 가능성에 집중하였다.[10] 이러한 생각은 그 이후로 트랜스휴머니스트의 공통 주제가 되었다.

생물학자인 줄리안 헉슬리(Julian Huxley)는 1957년 사회적 영향력이 컸던 그의 글에서 트랜스휴머니즘을 제목으로 사용하였고, 그 이후로 그는 흔히 트랜스휴머니즘의 창시자로 여겨진다. (하지만 사실 그 용어는 그보다 이른 1940년 캐나다인 철학자 W.D. 라이트홀(W.D. Lighthall)이 쓴 논문에서 차용된 것이다.[11]) 헉슬리는 아래와 같은 용어로 트랜스휴머니즘을 설명한다.

현재까지 인류의 삶은 보통, 홉스(Hobbes)가 설명한 것처럼 '형편없고, 야수 같으며, 짧은 것'이었다. 인류의 대다수는 (만약 그들이 젊은 나이에 일찍 죽지 않았다면) 비참하게 고통 받아왔다. [......] 우리는 존재 가능성의 날에 대한 믿음을 정당하게 가질 수 있으며, 현 존재의 한계와 우리 존재의 끔찍한 좌절감은 꽤 많이 극복될 수 있을 것이다. 만약 원한다면, 인류라는 종은 스스로를 초월할 수 있다. 한 곳에서 한 개인이, 그리고 다른 방법으로 다른 개인이 이루어 내지만 결국 산발적으로가 아니라 전체, 즉 인류로서 초월을 이루어 낼 것이다.[12]

헉슬리의 정의는 많은 부분이 1980년대 이래로 통용되는 의미, 즉 기계에 의한 인간 향상이라는 관념과는 다르다. 그 관념은 1960년대 과학소설(Science Fiction)을 통해 표현한 사상가이자 작가들에 의해 제기되었다. 특히 아서 C. 클라크(Arthur C. Clarke)의 『2001: 스페이스 오딧세이(2001: A Space Odyssey)』를 보면 한 외계 인공물, 즉 일종의 기계가 그것을 활용하는 이에게 초월적인

▲ 일본 도쿄에 위치한 메타볼리스트 형식의 건축물. '나가킨 캡슐 타워'
(Nagakin Capsule Towel)

힘을 행사하도록 제공되고 있는 내용이 등장한다.[13]

인간과 기계가 공생하며 살 수 있다는 가정에서 출발하는 일본의 메타볼리스트(Metabolist) 건축가들은 1960년에 디자인과 기술을 통해 "우리 사회의 적극적인 물질 대사의 개발(metabolic development)을 장려한다."[14]는 목표를 가진 성명서를 발표했다. 성명서의 '물질과 사람'(「Material and Man」) 부분에서 노보루 카와조이(Noboru

Kawazoe)는 "수십 년 후에 커뮤니케이션 기술의 급격한 발전으로 모든 사람들은 그들의 귀 속에 다른 사람들이 그에 대해 어떻게 생각하는지, 혹은 그가 다른 사람에 대해 어떻게 생각하는 지를 직접적으로 정확하게 수신 받는 '뇌파 수신기'를 가지게 될 것이다. 그래서 타인들이 나의 생각을 모두 알게 되는 날이 올 것이며, 더 이상 개인의 의식이라는 것은 존재하지 않고 '전체'의 형태로 존재하는 인류의 의지만 존재할 것이다."라고 말했다.[15]

인공지능과 기술적 특이점

1990년에 있었던 유전자치료 시도와 첫 번째 체외수정을 통한 맞춤 아기 탄생, 그리고 증가하는 광역 정보서비스 및 소프트웨어, 즉 세계적 인터넷 망(World Wide Web)의 출현은 인류 존재가 트랜스휴먼 커뮤니티(The transhuman community)에 의해 '근본적인 이동'을 했음을 보여준다. 이러한 1990년의 사건들은 여러 방면에서 결국 스타니스와프 울람(Stanislaw Ulam)에 의해 처음 사용되었던 '특이점(Singularity)'에 이르게 하는 조건임을 보여주었다.[16]

'특이점'이라는 용어는 1953년, 수학자 존 폰 노이만(John von Neumann)이 가속화된 변화를 야기하는 기술적 진보를 이야기하며 최초로 언급된다. 1960년대에 이르러 어빙 존 굿(Irving John Good)이 '지능 대폭발(intelligence explosion)'을 언급하며 개념의 폭을 확장시킨다. 1993년에 컴퓨터 과학자이자 SF소설가 버너 빈지(Vernor Vinge)가 그의 에세이 『다가오는 기술적 특이점(*The Coming Technological*

Singularity)』에서 인공지능과 특이점의 관계성을 규명한다. 이후 레이 몬드 커즈와일(Raymond Kurzweil)*이 특이점의 도래시기를 2045년 으로 명시하면서 비로소 용어의 보편화가 이루어진다.

▲ 어빙 존 굿   ▲ 존 폰 노이만

기술적 특이점(technological singularity)이란, 인공적인 초지능의 발명이 기술적 성장을 촉발시켜 인류 문명에 이해할 수 없는 형태의 변화를 가 져온다는 이론이다.[17] 여기에 따르면, 향상할 수 있는 지적인 것(소프트 웨어 기반의 인공지능을 운영하는 컴퓨터)은 훨씬 더 빠르게 출현하는 새롭고도 지능적인 세대와 함께 자기개선 사이클의 폭주 반응(runaway reaction)으로 들어갈 수 있다.

1965년, 어빙 존 굿은 『초월지능 기계에 관한 첫 번째 고찰 (*Speculations Concerning the First Ultraintelligent Machine*)』에서 기술 적 특이점 혹은 초인(superhuman) 지능의 급속한 출현을 제시한다.

초월지능 기계는 아무리 영리한 인간일지라도 그의 모든 지능적 활동 들을 훨씬 능가하는 것으로 정의된다. 기계의 설계는 이러한 지능적 활

동들 중 하나로, 초월지능 기계는 심지어 보다 더 나은 기계들을 고안
해 낼 수 있다. 틀림없이 인간의 지능을 앞지르는, 이른바 지능 대폭발
이 예상된다. 따라서 최초의 초월지능 기계는 인간이 만들어야 할 마지
막 발명품이다.(Good 33)

매사추세츠 공과대학 인공지능 연구소(Massachusetts Institute of
Technology's AI laboratory)의 공동설립자이자 인지과학자 마빈 민
스키(Marvin Minsky)는 1960년대 초부터 인간과 인공지능 사이의
관계성에 관한 글을 썼다. 이 분야는 이후, 수십 년간 지속적으로 한
스 모라벡(Hans Moravec)과 레이 커즈와일과 같은 영향력 있는 사
상가들을 배출해냈다. 그들은 트랜스휴머니스트적인 특질을 바탕으
로 기술계와 미래학적 고찰을 넘나들었다. 마침내 20세기 말, 트랜
스휴머니스트 운동의 병합이 이루어졌다.

1972년, 로버트 에틴거(Robert Ettinger)는 그의 저서『슈퍼맨으로 진
화한 인간(*Man into Superman*)』을 통해 트랜스휴머니티(Transhumanity)
를 개념화 시키는 데에 공헌한다. 1973년, FM-2030은『업윙어: 퓨
처리스트 매니페스토(*UpWingers: A Futurist Manifesto*)』를 출간한다.

레이 커즈와일
(1948. 2. 12.~)

레이 커즈와일은 미국의 작가, 컴퓨터 과학자, 발명가, 그리고 미래학자이다. 여기에 덧붙여, 그는 광학식 문자 인식(optical character recognition), 텍스트를 음성으로 변환하는 시스템 설계, 발화 인지 기술, 전자 건반악기에 관련된 분야까지 섭렵하고, 수확 가속의 법칙으로 컴퓨터와 유전학, 나노테크놀로지, 로봇공학(robotics), 인공지능과 같은 기술들에서 증가하는 지수 곡선을 예측한다.

커즈와일은 건강, 인공지능, 트랜스휴머니즘, 기술적 특이점, 미래주의(futurism)에 관한 글을 쓰고, 미래학적·트랜스휴머니스트적 운동을 지지하며 대중에게 생명연장 기술(life extension technologies)과 미래의 미세공학(nanotechnology), 로봇공학, 생명공학(biotechnology)에 대한 낙관적 전망을 공유한다.

커즈와일은 미래에는 모든 사람이 영원히 살 것이라 단언한다. 2013년에 진행된 인터뷰에 따르면, 그는 앞으로 15년 후에 의학 기술이 남은 기대 수명에 1년 이상을 추가할 것이며 그리하여 우리는 '죽음을 초월할 것'이라 말한다. 또한 그는 노화방지전략 연구재단(SENS Research Foundation)의 노화된 피부 재생에 관한 접근을 지지하고, 기증에 의한 그들의 연구가 촉진되도록 일반 대중을 장려한다.

트랜스휴머니즘의 성장

1980년대 초, 자칭 트랜스휴머니스트라 일컫는 1세대들의 공식 모임이 캘리포니아 대학교 로스앤젤레스 캠퍼스(UCLA)에서 성사되고, 이곳은 곧 트랜스휴머니스트 사상의 중심지가 된다. 여기서 FM-2030은 미래학적 이데올로기 '제3의 길(Third Way)'을 강의한다. 트랜스휴머니스트들과 다른 미래학자들이 자주 출연한 제작사 <EZTV>[18]에서, 나타샤 비타 모어(Natasha Vita-More)*는 인간이 우주와 충돌했을 때, 그들의 생물학적 한계와 지구 중력으로부터의 탈주를 주제로 한 실험 영화 『브레이킹 어웨이(*Breaking Away*, 1979)』를 소개한다.

나타샤 비타 모어
(1950. 2. 23. ~)

나타샤 비타 모어는 미국의 디자이너이자 예술가로, 현재 '휴머니타+ (Humanity+)' 이사회 의장과 어드밴싱 테크놀로지 대학(University of Advancing Technology)의 전임강사를 겸임한다. 그녀는 『뉴욕 타임스(*New York Times*)』에 '최초의 여성 트랜스휴머니스트'로 기재된 바 있다.

FM-2030과 비타 모어는 뒤이어 로스앤젤레스에서 트랜스휴머니스트 모임을 개최한다. 여기에는 FM-2030의 강좌를 청강한 학생들과 비타 모어의 예술 작품을 감상한 관객들이 모인다. 비타 모어는 미래의 급진적 생명연장의 가능성에 대해 토론하는 『트랜스휴머니스트 예술 성명서(*Transhumanist Arts Statement*, 1982)』를 저술하고, 그로부터 6년 후, 십만 명 이상의 시청 기록을 달성한 케이블 TV쇼 '트랜스센츄리 업데이트(*TransCentury Update*)'를 제작한다. 더 나아가 1997년, 그녀는 '프리모 포스트휴먼(primoposthuman)'이라는 개념을 고안한다. 이것은 피부색변화(color-changing skin)와 같은 과학기술의 향상으로 인해 미래에는 인간이 어떻게 보일지에 대해 묘사한다.

프리모 포스트휴먼이란, 이동성(mobility), 유연성(flexibility), 지속성(superlongevity)을 최대한으로 활용하려는 새로운 인체의 개념적 설계이다. 그것은 메타브레인(metabrain)과 태양열이 차단된 스마트 스킨(smart skin)과 같은 특징들을 구상한다. 전자는 나노봇과 조화를 이룬 AI 보철 신피질(prosthetic neocortex of AI)이고, 후자는 색조와 질감을 바꿀 수 있는 바이오센서(biosensor)를 지닌 것으로 감각기능이 극도로 예민하다.(Kurzweil, 2005: 302)

<20세기 - 인간 신체>	<21세기 - Primo 3M+>
제한된 수명(Limited life span)	불멸(Ageless)
물려받은 유전자(Legacy genes)	대체 가능한 유전자(Replaceable genes)
소진(Wears out)	업그레이드(Upgrades)
무작위 실수(Random mistakes)	오류수정 장치(Error-correction device)
인간의 감각(Sense of humanity)	계몽된 트랜스휴머니티 (Enlightened transhumanity)
단일 트랙 인식(Single track awareness)	동시에 진행되는 다중 시점 (Multiple viewpoints running in parallel)
제한된 성별(Gender-restricted)	성별의 가변성(Gender changeability)
환경에 유해(Prone to environmental damage)	환경에 무해 (Impervious to environmental damage)
민감성, 시샘, 우울증으로 인한 마음의 잠식 (Corrosion by irritability, envy, depression)	터보차저된 낙관주의 (Turbocharged optimism)

▲ 20세기 인간 신체와 21세기 미래형 신체 'Primo 3M+'의 비교[19]

1989년, 에릭 드렉슬러(Eric DrExIer)*는 캘리포니아 주, 팰로앨토(Palo Alto)에 비영리 단체인 포어사이트 인스티튜트(Foresight Institute)를 설립한다. 이 연구소는 나노기술 분야에 있어서 여러 독립재단들 중의 하나로, 나노기술과 새롭게 출현하는 과학기술의 개발을 증진시키는 데에 전념하고 분자로 된 나노기술(MNT)에 관한 컨퍼런스를 개최한다.

에릭 드렉슬러
(1955. 4. 25.~)

에릭 드렉슬러는 1970~80년대에 분자 나노기술의 잠재력을 대중화시킨 것으로 잘 알려진 미국 공학자이다. 그는 나노기술과 분자 어셈블러(Molecular assemblers)의 전망을 토론하는 『창조의 엔진: 나노기술 시대의 도래(Engines of Creation: The Coming of Nanotechnolog, 1986)』와 매사추세츠 공과대학(The Massachusetts Institute of Technology)에서의 박사논문을 개정한 『나노시스템: 분자 기계장치의 제조와 평가(Nanosystems: Molecular Machinery Manufacturing and Computation, 1992)』를 출간한다. 이것으로 그는 미국 출판협회로부터 컴퓨터공학 부문 최고의 도서상을 수상한다.

이 외에도 드렉슬러가 구성원으로 있는 또 다른 비영리 조직이자 미래학자들을 위한 센터인 알코어 생명연장 재단(Alcor Life Extension

Foundation, 이하 'Alcor')은 인체 냉동 보존술 (cryonics)을 연구, 옹호 및 수행한다. "Alcor는 2017년 1월 31일자로, 1618명 이상의 구성원과 354명의 협력 인원을 갖추었으며 냉동 보존 상태의 인체, 149명을 보유 중이다."[20][21] "인체 냉동 보존술은 미래에 새로운 기술이 개발되었을 때를 가정하여 현대의학으로 생명을 유지시킬 수 없는 인간을 액체질소 상태로 보존하는 것이며 현재 기술로는 전환시킬 수 없다."[22]

▲ 액체 질소로 동결된 4개의 신체와 6개의 뇌를 저장할 수 있도록 맞춤 설계된 용기(dewar)

에틴거는 인체 냉동 보존술의 이론을 최초로 정립한 미국의 물리학자이다. 또한 그는 인체 냉동 보존술 인스티튜트(Cryonics Institute)와 동류의 이모탈리스트 소사이어티(Immortalist Society)를 설립하고, 2003년까지 의장직을 맡는다. 현재 에틴거의 시신은 아내, 어머니와 함께 냉동보관 중이다.

Alcor의 경영자인 맥스 모어*는 트랜스휴머니즘 철학과 생명 무한 확장론주의(Extropianism) 철학에 경도하는 다수의 글을 작성한다. 모어의 생명 무한 확장론 원칙은 다음과 같다. "영속적 진보(Perpetual Progress), 자기 변형(Self-Transformation), 실질적 낙관주의(Practical Optimism), 지능적 과학기술(Intelligent Technology), 열린 사회 - 정보와 민주주의(Open Society - information and democracy), 자기 지시 (Self-Direction), 이성적 사고(Rational Thinking)."[23]

생명 무한 확장론(extropy)은 엔트로피(entropy, 변형된 자연 물질이 다시 원래 상태로 복구될 수 없는 현상)의 반의어로, 다이안 듀안(Diane Duane)이 휴머니티를 위한 잠재적 트랜스휴먼의 운명을 나타내는 데에 최초로 사용한다.[24] 1988년 탐 벨(Tom Bell) 교수가 창안하고, 맥스 모어가 정의한 생명 무한 확장론은 '생체 혹은 조직적 지능 체계, 기능적 질서, 생명력, 에너지, 경험과 수용 능력, 그리고 성장과 향상을 위한 추진력의 범위'이다.

모어는 그의 에세이 『트랜스휴머니즘: 미래 철학을 향해(*Transhumanism: Toward a Futurist Philosophy*, 1990)』에서 생명 무한 확장론 원칙의 형태를 취한, 본인만의 독창적인 트랜스휴머니스트 교리를 만들어내어 전략적 철학가로서의 면모를 유감없이 발휘한다. 이후 그는 자신의 교리에 새로운 정의를 부여함으로써 현대 트랜스휴머니즘의 토대를 제시한다.

트랜스휴머니즘은 우리를 포스트휴먼 조건을 향해 나아가도록 추구하는 철학의 한 부류이다. 이 사상은 삶을 증진시키고자 하는 원칙과 가치에 따라 지적 생명체의 발전에 대한 지속과 가속화를 추구한다. 트랜스휴머니즘은 휴머니즘과 많은 부분을 공유한다. 즉 이를테면 이성과 과학을 중시하고, 진보를 향해 헌신하고, 그리고 현생(現生)에서 인간(혹은 트랜스휴먼)의 존재를 높이 평가하는 등이 바로 그것이다. [......] 트랜스휴머니즘은 다양한 과학기술의 결과로 인해 우리 생활의 발전 가능성과 급진적 변화를 인지하고 예측할 수 있다는 점에서 휴머니즘과는 구별된다.(More, 1990)

맥스 모어
(1964. 1.~)

맥스 모어는 영국의 미래학자로 최근 생겨난 과학기술의 진보된 의사결정에 대해 글을 쓰고, 의견을 피력하며 조언을 구한다. 그는 옥스퍼드 대학의 세인트 앤스 칼리지(St Anne's College, Oxford)에서 철학, 정치, 경제학(PPE) 학위를 수여받고, 박사논문 『통시적 자아: 주체성, 연속성, 그리고 변형(The Diachronic Self: Identity, Continuity, and Transformation, 1995)』에서 트랜스휴머니스트에 관련된 몇 가지 쟁점들과 죽음의 본질에 관한 것을 고찰한다.

모어는 탐 머로우(Tom Morrow)와 함께 『엑스트로피 매거진(Extropy Magazine, 1988)』 초판 1쇄 본을 발행한다. 이것은 다수의 사상가들에게 인공지능, 나노기술, 유전자공학(genetic engineering), 생명연장(life extension), 마인드 업로딩(mind uploading), 예측시장(idea futures), 트랜스휴머니즘의 정치와 경제에 관한 관심을 불러일으킨다. 이에 대안 미디어(Alternative media) 조직은 곧 그 매거진에 대해 논평을 시도한다.

이후 모어는 벨과 함께 비영리 교육기구인 생명 무한 확장론 연구소(Extropy Institute, 이하 'ExI')를 설립한다. 트랜스휴머니스트 네트워킹과 정보의 중심지로 형성된 ExI는 인류에게 공개될 새로운 능력의 이해를 도울 일련의 원칙과 가치들을 정의하는 데에 비평적·창조적 사고와 과학적 이해력을 사용한다. 또한 ExI는 일련의 컨퍼런스를 조직하고 메일링 리스트(mailing list)를 제공함으로써 미래학자들 간의 상호작용을 원활히 하고, 새로운 밈 복합체(Memeplexes)25)를 브레인스토밍(brainstorming)하는 촉매 역할을 한다. 그리고 이것은 인공 두뇌화 사회(Cyberculture)와 사이버 환각적 대항문화(Cyberdelic Counterculture)가 성장하던 시기에 처음으로 대중을 트랜스휴머니즘에 노출시킨다.

1998년, 보스트롬과 데이비드 피어스(David Pearce)는 국제 비정부 조직인 세계 트랜스휴머니스트 협회(World Transhumanist Association, 이하 'WTA')를 설립한다. 이 조직은 인간능력을 강화시키는 기술의 윤리적 사용을 지지하고, 트랜스휴머니즘을 과학적 탐구와 공공 정책의 정당한 주제로 인식하기 위해 활동한다. 특히나 그들의 두드러진 관심사는 계층과 경계를 넘나드는 인간 강화 기술로 접근하는 것이다.

> 2100년, 급격한 변화를 겪은 세계를 상상해보라. 심각한 장애를 가진 사람들은 완전히 고립되어 특수 두뇌 임플란트(special brain implants)로 컴퓨터 및 타인과 텔레파시를 주고받는다. 다른 사람들은 이와 같은 장치로 자신의 두뇌에서 CD 음악을 재생하거나 20자리 숫자를 상기하여 해변 휴가지에서의 즐거운 감정을 회상한다. 건강 보조제는 높은 IQ와 심원한 영적 체험을 제공하고, 더불어 불안감을 해소시킨다. 물론, 이러한 변화들은 - 쇠퇴한 국가 체제가 사회 민주주의자가 이끄는 세계 정부로 대체된 이래 - 부유한 자와 가난한 자에게 똑같이 발생한다.(Ford, 2005)

2002년, WTA는 트랜스휴머니스트 선언문을 수정 및 채택한다.

1. 인류는 장차 과학과 기술에 의해 근본적인 부분까지 영향을 받을 것이다. 우리는 노화, 인지적 결함(cognitive shortcomings), 불의의 고통을 극복하고 지구라는 한계를 벗어남으로써 인간의 잠재력을 확장할 수 있을 것으로 기대한다.

2. 우리는 인간의 잠재성이 아직도 대부분 실현되지 않았다고 믿는다. 인간의 조건을 멋지고 대단히 가치 있는 것으로 향상시킬 수 있는 시나리오들이 있다.

3. 우리는 인류가 심각한 위험들, 특히 새로운 기술들의 오용에서 비롯된 위험에 직면하고 있다는 것을 안다. 우리가 가치 있다고 여기는 것들의 대부분, 심지어 전부를 상실하게 되는 시나리오들이 현실이 될 수도 있다. 이 시나리오들 가운데는 급격한 변화를 수반하는 것도 있고 부지불식간에 다가오는 것도 있다. 모든 진보는 변화에서 비롯되지만, 그렇다고 해서 모든 변화가 반드시 진보를 의미하는 것은 아니다.

4. 이런 전망들을 이해하기 위해 연구역량을 쏟아 부을 필요가 있다. 우리는 위험을 감소시키고, 유익한 응용을 촉진하는 최상의 방안을 숙고해야 한다. 또한 사람들이 무엇을 해야 할지를 건설적으로 토론할 수 있는 포럼과 책임 있는 결정들을 실행할 수 있는 사회질서가 필요하다.

5. 생존의 위험을 줄이는 것과 생명과 건강을 보존할 수단을 개발하는 일, 심각한 고통을 경감하고 인간의 예지와 지혜를 개선하는 일은 최우선으로 추구되어야 하고, 이런 일들에는 전폭적인 재정지원이 이루어져야 한다.

6. 정책 입안은 포괄적으로 윤리적 비전에 따라, 기회와 위험을 동시에 진지하게 고려하고, 자율과 개인의 권리를 존중하며, 전 지구의 모든 사람들의 이익과 존엄성을 고려하는 연대를 보여주면서 이루어져야 한다. 또한 우리는 미래에 존재할 세대를 향한 윤리적 책임도 고려해야만 한다.

7. 우리는 인간과 비인간 동물, 그리고 미래의 모든 인공 지능체, 변형 생명체, 또는 과학과 기술의 진보로 인해 등장하게 될지도 모르는 다른 지성적 존재를 포함해 지각력을 가진 모든 존재의 복지를 옹호한다.

8. 우리는 개인이 자신의 삶을 살아가는 방식에 대해 독자적으로 선택할 수 있는 폭을 넓히는 것에 찬성한다. 여기에는 기억, 집중력, 정신력을 보조하기 위해 개발될 기술의 사용을 비롯해, 수명 연장 요법(life extension therapies), 생식 선택 기술(reproductive choice technologies), 인체 냉동 보존법, 그리고 인간 변형 및 능력 향상을 위한 여타의 가능한 기술들이 포함된다.[26]

여기에 덧붙여 WTA는 질문게시판을 마련하여 트랜스휴머니즘의 두 가지 형식적 정의를 다음과 같이 내린다.

1. 트랜스휴머니즘은 이성을 통해 인간의 조건을 근본적으로 개선시키고, 그것이 바람직하다는 것을 긍정하는 지적/문화적 운동이다. 이는 노화의 진행을 억제하고, 인간의 지적·신체적·심리적 능력을 향상시킬 만한 기술들을 발전 및 개발시킴으로써 가능하다.

2. 트랜스휴머니즘은 크게 두 가지 연구로 나누어진다. 하나는 근본적인 인간의 한계를 극복하게 만드는 기술의 세분화 및 전망, 잠재적 위험성에 관해 연구하는 것이다. 다른 하나는 이러한 기술 개발과 사용에 수반된 윤리적 문제에 관한 것이다.[27]

기타 트랜스휴머니스트 조직(이를테면 'ExI')과는 대조적으로, WTA 임원단은 사회적 영향력이 그들의 미래주의적인 비전을 훼손시킬 수 있음을 고려하여 이점을 간과하지 않는다. 전직 이사 제임스 휴즈(James Hughes)*에 의해 WTA는 트랜스휴머니스트 선언서에 성문화된 자유민주주의적인 정의를 둘러싸고, 사회민주주의자(social democrats)와 신자유주의자(neoliberals) 모두를 포함한다. 또한 휴즈는 트랜스휴머니즘에서의 정치적 경향, 특히 '사회주의적 트랜스휴머니즘(socialist transhumanism)'에서 '자유지상주의와 무정부 자본주의적 트랜스휴머니즘(libertarian and anarcho-capitalist transhumanism)'으로의 이동을 구체적으로 말한다. 휴즈는 좌파세력이 WTA 이사회에서 퇴출되고, 자유지상주의자와 특이점주의자(singularitarian)가 트랜스휴머니즘 커뮤니티에서 주도권을 확보했지만, 자신은 여전히 기술 진보적 미래에 대해 낙관적인 입장이라고 표명한다.

제임스 휴즈
(1961. 5. 27.~)

제임스 휴즈는 미국의 사회학자, 생명윤리학자, 첨단기술윤리연구소(Institute for Ethics and Emerging Technologies, 이하 'IEET')의 전무이사로, 트리니티 칼리지(Trinity College)에서 보건정책(health policy)을 강연한다. 휴즈는 트랜스휴머니즘, 미래 기술, 그리고 인류 향상을 바라보는 좌경과 우경 세력 간의 동태에 주목한다. 또한 그는 『시티즌 사이보그: 왜 민주주의 사회가 미래의 재설계된 인류에 응해야 하는가?(Citizen Cyborg: Why Democratic Societies Must Respond to the Redesigned Human of the Future)』의 저자이며, 현재는 가제 『사이보그 부다: 더 나은 인간이 되기 위한 신경기술 사용(Cyborg Buddha: Using Neurotechnology to Become Better People)』을 집필 중이다.

결과적으로 2006년, 트랜스휴머니스트 운동 내에서 자유지상주의 우파(Libertarian right)*와 자유주의 좌파(Liberal left) 세력 간에 발생한 정치적 투쟁은 휴즈의 지휘 하에 중도좌파로 기울어진다. 2006년에 이 사회는 조직 운영을 중단하고, 그들의 임무가 '본질적으로 완료'되었음을 공시하여 WTA를 주도적인 국제적 트랜스휴머니스트 조직으로 남긴다.

자유지상주의 우파

우파 자유지상주의(Right-libertarianism or right-wing libertarianism)는 부정적인 권리, 자연법, 현대 복지국가의 주요 전환을 지지하는 자유주의 정치 철학에 주목한다. 우파 자유주의자는 사유재산권을 강하게 옹호하고, 천연자원과 사유재산의 시장분배를 방어한다. 이러한 입장은 천연자원이 인류 평등주의적 방식, 즉 소유자 유무에 무관하게 공동으로 모두에게 속하길 주장하는 좌파 자유지상주의(left-libertarianism)의 일부 의견과는 대조적이다. 우파 자유지상주의는 아나코 자본주의(anarcho-capitalism), 방임주의, 최소 정부주의적 자유지상주의(minarchist liberalism)를 포함한다.

▲ 'Humanity+' symbol

2008년, WTA는 이미지 쇄신의 일환으로, 조직명을 '휴머니티+ (Humanity+)'로 변경한다. 이탈리아에서 의회 당원으로 선출된 최초의 트랜스휴머니스트는 정치가, 저널리스트, 그리고 작가인 주세페 바티노(Giuseppe Vatinno)*이다. 2015년, 그는 휴머니티+ 이 사회의 구성원이 된다.

아이러니하게도, 카톨릭 교회의 본거지인 이탈리아가 활동적 트랜스휴머니스트(active transhumanist)를 선출하는 최초의 주요 서양국가가 된 상황에 대해 미래학자이자 트랜스휴머니스트인 줄리오 프리스코(Giulio Prisco)는 다음과 같이 말한다. "트랜스휴머니즘은 이미 이탈리아에서 전례가 있다. 전직 이탈리아 국무총리 실비오 베를루스코니(Silvio Berlusconi)는 밀라노에 위치한 생명공학회사 몰메드(MolMed) - 평균 기대수명을 120년까지 늘리는 것을 넘어서 그 연령이 될 때까지 지속적 관리를 목적으로 하는 - 에 투자했다. 그 뿐만 아니라 트랜스휴머니즘은 이탈리아 정치에 중대한 영향을 끼친 필리포 토마소 마리네티(Filippo Tommaso Marinetti)의 미래학 운동에 당면해 있다.(Prisco, 2012)"

주세페 바티노
(1961. 4. 3.~)

주세페 바티노는 로마 라 사피엔자(La Sapienza)대학교 이론 물리학과를 졸업하고 소립자 물리학(particle physics), 인지 심리학(cognitive psychology), 신경망(neural networks), 영상처리(image processing)를 전공했다. 바티노는 폴리테크니코(Politecnico) 공과대학과 로마 라 사피엔자 대학에서 에너지와 환경문제에 관한 석사 프로그램을 지도한다. 환경 및 공공사업 위원회(Parliamentary Commission for Environment and Public Works)의 회원으로서 그는 자신의 미래학적 비전을 에너지 분야의 정책 입안으로 이끌어낸다. 또한 바티노는 휴머니티+의 이탈리아 지부, 이탈리아 트랜스휴머니스트 협회(Italian Transhumanist Association, 이하 'AIT')를 신뢰하여 소속 잡지 『디베니레(*Divenire*)』를 통해 트랜스휴머니스트적인 사상을 증진시킨다.[28]

한편 2006년에 몰몬교29) 트랜스휴머니스트 협회(Mormon Transhumanist Association, 이하 'MTA')가 설립되어 2012년까지 수백 명의 인원들로 구성된다. MTA는 과학기술적 특이점과 같은 트랜스휴머니스트적인 개념과 몰몬교 교리 간에 유사점을 발견하고, 기술과 종교의 상호 접점에 대한 컨퍼런스와 강연을 후원한다.

2012년, 분자 생물학자이자 수명 연장당의 공동 설립자 마리아 코노발렌코(Maria Konovalenko)가 수명 연장당(Longevity Party)을 전적으로 트랜스휴머니스트적인 운동이라 간주하여, 이에 러시아에서 정당 설립의 움직임이 포착된다. 현재, 정당은 수명 연장을 위해 과학·기술 개발수단을 증진시키는 국제연맹을 창설하고, 전 세계적으로 30개 이상의 국가 조직을 보유하고 있다. 다음은 정당과 관련하여 코노발렌코가 작성한 기사이다.

> 7월 19일, 우리는 최초의 정당 설립을 위해 모스크바에서 10명의 창시 그룹이 모였다. 이들 10명 가운데는 미하일 바흐친(Mikhail Batin), 알렉세이 터친(Alexey Turchin), 레오니드 카가노프(Leonid Kaganov), 그리고 엘레나 밀로바(Elena Milova)가 있었다. 정당의 주요 목표는 사람들이 젊고 건강한 상태를 유지한 채 원하는 만큼 오래 살 수 있도록 인간 수명을 증가시키는 것이다. 우리는 재생 의료(regenerative medicine), 노화와 장수 유전학, 신경과학, 생물학적 과정의 컴퓨터 모델링 등의 분야에서 과학 연구와 기술 진보를 진척시켜 앞선 목표를 달성하길 희망한다.(Konovalenko, 2012)

다음은 미래 정치 및 정당의 모습에 대해 소개하는 어느 칼럼이다.

미래학에서는 정치가 필요 없는 특이점의 시대를 예측한다. AI로봇, 인공지능이나 센서 칩들이 국민여론을 매초 수렴하여 정치인의 업무를 대신하기 때문이다. 2014년, 엄청난 에너지를 가진 젊은 층의 변화의 움직임이 다음과 같은 정당 형태로 표출된다. 그들과 미래학자들은 트랜스휴먼닝(Transhumanist Party), 우주닝(Space Party), 미래당(Futurist Party) 등을 창설한다. 그러나 새로운 미래 정당은 일반인들의 관심을 미래로 돌리기 위한 홍보차원에서 비롯된 것이며 이들 대부분이 사이버상에 존재하기 때문에 지금까지 의석을 차지한 적은 없다.[30]

2. 트랜스휴머니즘 이론

트랜스휴머니즘에 대한 몇몇 논란의 문제들이 있는데, 그중의 일부는 트랜스휴머니즘이 포스트휴머니즘의 한 분과인지 아닌지의 문제에 관한 것과, 어떻게 포스트휴머니즘이라는 철학적 운동이 트랜스휴머니즘과 관련해서 개념화 될 수 있었는지에 대한 것이다. 트랜스휴머니즘은 종종, 기독교적, 보수주의적, 진보주의적 비평가들에 의해 트랜스휴머니즘이 포스트휴머니즘의 이형(異形)이거나 포스트휴머니즘의 적극적 형태라고 여겨진다. 이 때 보수주의적 비평가는 앞서 언급한 프랜시스 후쿠야마를 들 수 있고, 기독교인은 크리스토퍼 훅(Christopher Hook)[31] 그리고 진보주의적 비평가는 랭던 위너(Langdon Winner)[32]와 크리스토퍼 코에넌 (Christopher Coenen)[33]을 들 수 있다.

트랜스휴머니즘과 철학적 포스트휴머니즘의 공통된 특징은 '인류가 진화하여 결국 보완되거나 대체되는 새로운 지적 종(種)에 대한 미래 비전'이라는 성격을 가진다. 트랜스휴머니즘은 (예를 들어), 생물학적 강화로 인지 증진된 고도의 지적 동물 종과 같은 창조된 생명체 진화의 관점을 강조하지만 최종 목표로서 진화에 개입한다는 '포스트휴먼의 미래'에 집착한다.

> 내가 주장했던 것 첫 번째는, 일부 포스트휴먼 존재의 양상은 매우 가치로울 것이다라는 것과 두 번째로는, 대부분의 인류가 포스트휴먼이 되는 것은 좋은 일일 것이다라는 것이다. 나는 일반적인 중점적 능력 3가지에 대해 개별적으로 이 글의 대부분을 할애해 논의했다. 수명과 인지, 그리고 정서가 그것이다. 그러나 나의 주장 중 일부는 만약 이 강화들이 결합되는 가능성을 가진다면 더욱 강화될 것이다. 좋든 싫든, 그렇든 아니든 간에 이것들은 우리가 '인간'이라고 부르기로 한 것의 의미에 의존하고 있다. 아마 누군가 인간이 되는 것의 의미에 대한 확장된 미래를 예측할 수 있는데, 그 경우 '포스트휴먼'은 인간 존재 방식이 나타날 수 있는 가능한 한 방법으로 이해되어야 한다. 만약 내 말이 맞다면, 매우 가치 있는 유형이 될 것이다. (Nick Bostrom. "Why I Want to be a Posthuman When I Grow Up")

그럼에도 불구하고, 한 예로서 로봇 기술자인 한스 모라벡*이 제안한 것과 같은 지적인 인공 존재를 창조해 내는 발상[34]은 트랜스휴머니즘에 영향을 미쳐왔다. 모라벡의 사상과 트랜스휴머니즘은 포스트휴머니즘의 '자기만족적'이거나 '종말론적'인 변종의 것으로 특징지어졌고 인문학과 예술에서 '인간'과 '인간 본성'에 관한 역사적 개념들을 연구하고 종종 인간 주관성과 전형에 관한 일반적 개념들에 저항하며 인간 본성의 낡은 개념들을 꾸준히 현대 기술 과학 지식을 바탕으로 뛰어넘으려 하는 '문화적 포스트휴머니즘'[35]과 대조되는 것으로 여겨졌다. 하지만 반면에 '문화적 포스트휴머니즘'은 인간과 증가하는 지적 기계들 사이의 관계를 재고찰하는 단초를 제공할 수 있다. 이런 관점에서 트랜스휴머니즘과 그와 유사한 포스트휴머니즘 사상들은 '자율적인 진보적 주체'라는 특권을 포기하는 것이 아니라, 그 특권을 포스트휴먼의 영역으로 확장한다.36) 트랜스휴머니스트의 휴머니즘과 계몽주의 시대사상의 연속으로 묘사되는 자기 정의는 이러한 관점과 부합한다.

▲ 한스 모라벡의 『로봇(2000)』과 『마음의 아이들(1988)』의 북커버

몇몇 세속적 휴머니스트(secular humanist)들은 트랜스휴머니즘을 휴머니스트 자유사상 운동의 후예쯤으로 생각한다. 하지만 트랜스휴머니스트들이 인간적 관심사를 해결하기 위해서 특정 기술적 접근법에 집중하고(즉, 기술지상주의를 뜻한다) 필멸성 문제에 집중한다는 면에서 휴머니스트 주류와는 다르다고 주장한다.37) 그러나 일부 진보주의자들은 포스트휴머니즘이 철학적 형식이건 정치, 사회적 활

동적 형식이건 간에 사회적 정의 문제와 인간 제도의 개혁, 그리고 다른 계몽주의적 집착[38]을 (존재의 보다 정교한 방법을 찾는) 인간 신체의 초월을 위한 자기애적(나르시스트적narcissistic) 갈망으로 나아가도록 만들었다고 주장해 왔다.[39]

대안으로 휴머니스트 철학자 드와잇 길버트 존스(Dwight Gilbert Jones)는 각 개별 유전자형(DNA)이 연속적인 표현형(복제를 통한 몸과 생명. *Church of Man*, 1978)으로 예시되는 것이라고 함으로써 DNA와 게놈 저장소를 통해 르네상스 휴머니즘의 갱신을 제안했다. 그의 관점에서 원래 DNA 분자의 '연속성'은 '자기'를 고정하기 위해 요구되는 것이고(즉 세포를 유지하기 위해 요구되는 것), 아무리 많은 양의 컴퓨팅 능력(연산력)이나 메모리 집합이 있다 해도 그가 '제니티(genity)'[40]라고 명명한, 우리의 진정한 유전적 정체성의 본질적 '악취'는 대체될 수 없다. 대신에, DNA 혹은 게놈 관리는 우리 종의 공동 신조가 될 휴머니즘의 모델을 그의 추론 소설(speculative fiction), 『더 휴머니스트 - 1000의 여름들(*The Humanist- 1000 Summers)*』 속에서 제안했다. 소설에서 그는 인류가 우리 행성과 사람들을 조화롭게 하는 데 수세기를 바치고 있다고 적고 있다.

트랜스휴머니즘 철학은, 과학기술 사회에서 인간 정체성에 관한 모든 관점을 다루고 인간과 기술 사이의 관계 변화에 초점을 맞춘 학제간 학문 연구 분야인 테크노셀프(technoself) 연구와 밀접하게 관련 있다. 이 때, 테크노셀프 연구는 보통 TSS로 불리며 인간과 기술 사이의 변화하고 있는 관계의 본성에 초점을 둔, 기술 사회에서 인간 정체성의 모든 부분을 다루는 학제적, 신출현적 학문 연구 분야이다.

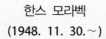

한스 모라벡
(1948. 11. 30.~)

한스 모라벡은 카네기 멜론 대학(Carnegie Mellon University), 로봇공학 인스티튜트 (Robotics Institute of Carnegie Mellon University)의 외래 교수회 회원이다. 그는 트랜스휴머니즘에 초점을 맞춘 예측과 다수의 출판작들로 미래학자라고 불리기도 한다. 그는 로봇공학, 인공지능에 대한 연구와 과학기술의 영향에 관해 쓴 저서들로 잘 알려져 있다. 그 뿐만 아니라 모라벡은 흥미영역(region of interest. ROI)과 관련된 컴퓨터 비전을 개발했다.

목적

많은 트랜스휴머니스트 이론가들과 지지자들은 세계를 둘러싼 빈곤과 질병 그리고 장애와 영양실조를 감소시키기 위해 과학, 기술을 적용하려 노력하고 있다.[41] 트랜스휴머니즘은 개인의 수준에서 인간 몸을 향상시키는 기술을 적용하는 특정 관점을 지지한다는 독특함이 있다.

많은 트랜스휴머니스트들은 인간의 물리적인 현실인 선천적인 정신적, 육체적 장벽을 제거함으로써 법적, 정치적 평등의 약속을 이행하기 위해 노력한다. 이와 더불어 미래 기술 및 혁신적인 사회 시스템의 잠재력을 적극적으로 평가하여 삶의 질을 향상시킨다.

트랜스휴머니스트 철학자들은 인간 조건의 향상과 발전을 이뤄내기 위해 완전주의자적 윤리적 강요(완전론)[42]는 존재하며, 또한 인류가 '자연적인 인간'이라고 여겨지는 상태를 넘어서는 존재로서 스스로를 강화하는 존재양식인 트랜스휴먼 단계로 진입하는 것이 바람직하고 가능성 있는 이야기라고 말한다. 이러한 단계에서 자연적 진화는 계획적인 참가 혹은 유도된 진화로 대체될 수 있다.

레이먼드 커즈와일(Raymond Kurzweil)과 같은 어떤 이론가들은 기술적 혁신의 속도가 가속화되고 있으며, 향후 50년은 아마 급진적인 기술 진보의 결과물을 낼 뿐만 아니라 인간 존재의 본성을 기본적으로 변화시킬지도 모르는 기술적 특이점이 가능하게 될 것이라고 말한다.* 이 방대한 기술적 변화들을 예견하는 트랜스휴머니스트들은 보통 그러한 것이 바람직하다는 견해를 유지한다. 그러나 일부는 급진적 기술변화의 위험 가능성에 관심을 갖고 첨단 기술이 책임감 있게 사용되도록 하기 위한 옵션을 제안한다. 예를 들어 보스트롬은 신흥기술로 창출될 수 있는 것을 포함하여 인류의 미래 복지에 대한 실존적인 위험에 대해 방대하게 글을 써왔었다.[43]

많은 사람들은 모든 트랜스휴머니스트들이 불멸을 얻으려고 노력한다고 믿고 있지만 이는 꼭 사실만은 아니다. 윤리 및 신흥기술 연구소(Institution for Ethics and Emerging Technologies. 2011-2012)의 이사인 한스 펠리씨어(Hans Pellissier)가 트랜스휴머니스트들을 상대로 설문조사를 한 결과, 818명의 응답자 중에 23.8%가 불멸을 원하지 않았다. 그 이유 중 일부는 따분함, 지루함 때문이었으며 또한 지구의 인구과잉의 이유와 사후세계를 가고자 하는 욕망 등의 이유가 있었다.[44)

레이 커즈와일의 『특이점이 온다』
The Singularity Is Near: When Humans Transcend Biology. (2005)

이 책은 발명가이자 미래학자인 레이 커즈와일이 인공지능과 미래 인류에 관해 작성하여 2006년 출간된 논픽션이다. 커즈와일은 그의 가속화된 수익법(law of accelerating returns)으로 컴퓨터와 유전학, 나노테크놀로지, 로봇학, 인공지능과 같은 기술들에서 증가하는 지수 곡선을 예측했다. 그는 2045년에 기술적 특이점이 올 것이며 진보가 굉장히 급진적인 그 시점에 과학기술들이 인간의 능력을 앞지를 것이라고 말한다.

윤리학

트랜스휴머니스트들은 생물학적 한계를 극복하는 가능성을 이해하고 평가하기 위해 미래학과 다양한 윤리학 분야에 의존함으로써 학제적 접근에 관여하고 있다. 도덕적 가치를 자연시스템의 보존으로 보는 사회 비평가들이나 활동가 등의 많은 철학자들과 달리, 트랜스휴머니스트들은 '자연'을 가장 좋게 보아도 문제가 되는 모호한 것이며 최악으로 본다면 진보에 장애가 되는 것으로 여긴다.[45]

> '자연의 지혜'라는 분류 안에는 만연된 믿음이 있다. 많은 사람들은 '자연적인' 치료와, '자연적인' 음식의 섭취, 그리고 트레이닝이나 식이요법, 몸 단장 등 '자연적인' 방법으로 인간능력을 향상시키는 것을 선호한다. '비자연적인' 개입들은 종종 미신적인 것으로 비춰지며, 이러한 태도는 특히 인간능력을 향상시키기 위해 어리석고, 근시안적이며 오만한 것으로 비춰지는 비자연적인 방법과의 관계에서 나타나는 것으로 여겨진다. 우리는 그러한 태도들이 인간 강화의 생명윤리학적 논쟁들에서 제기되는 문제들에 대한 믿음에 영향력을 발휘한다고 믿고 있다. ...... 우리들은 유망한 인간 강화들을 인지할 좋은 위치에 있으며 또한 현존하는 강화의 리스크 - 이익율을 평가할 좋은 위치에 있다. 만약 자연의 지혜에 대한 직관이 인간 강화에 대한 현대 생명윤리의 주장에 분명치 않은 영향력을 준다고 가정하는 상황에 놓인다면, 진화의 체험 - (실증적인 문제들을 설명하기 위한 이전의 방법들과는 달리) - 은 아마 논쟁의 좀 더 규범적인 항목들에 대해 우리들의 평가를 알리는데 도움이 될 것이다. (Bostrom, Nick & Sandberg, Anders. "The Wisdom of Nature: An Evolutionary Heuristic for Human Enhancement". 408-9)

이와 같은 관점에서 댄 아진(Dan Agin)과 같은 많은 유명 트랜스휴머니스트 지지자들은 '생명보수주의자(bioconservatives)'나 혹은 '바이오 러다이트(bioluddites)'와 같은 정치적 좌파와 우파의 트랜스휴머니즘의 비평가들과 관련 있다. 이 때 러다이트는 19세기의 인간 육체노동자들이 기계에 의해 대체되는 것을 반대한 반산업화 사회 운동을 뜻한다.[46]

트랜스휴머니스트 운동이 성장하고 그들의 반대 세력에게 그들이 중대한 도전과제가 되기 때문에, 바이오 러다이트들은 그들의 엘리트주의적 무정부적 - 자본주의의 뿌리로부터 거리를 둘 필요가 있으며 자유민주주의 제도와 가치, 그리고 공공정책에 대한 약속을 명확히 할 필요가 있다. 정치적 참여와 트랜스휴머니즘 기술들에 대한 관심에서 비롯된 공평성, 안전성, 효율성을 말하는 정부의 사용권을 포용함으로써 트랜스휴머니스트들은 더 크고 넓은 범위의 관객들을 끌어 모을 수 있는 더 좋은 위치에 있게 된다. (Hughes, James "The politics of transhumanism". abstract)

반면에 생명보수주의자는 만약 기술이 기존 사회질서를 어지럽히는 것으로 인식된다면 기술의 발전에 대해 주저하는 입장을 가지고 있다. 강경한 생명보수주의자의 입장은 작물에 대한 유전자 변형과 가축과 동물에 대한 유전자공학과 복제, 그리고 무엇보다 현재 인간의 생물적 문화적 한계와 같은 것으로 인지되는 것을 넘는 인간 존재의 유전적, 인공적, 인지적 변형을 반대한다. 생명보수주의자들의 정치적 견해의 범위는 우파적 종교, 문화 보수에서 좌파적 환경 운동가와 기술적 비평가들까지를 포함한다. 일반적으로 기술적 사회비판이라는 슬로건 아래에 바이오 러다이트보다 덜 광범위한 범위를 지닌다. 생명보수주의자들의 관점은 도덕적 범주 아래에 자연을 보호하는 것으로 특징지을 수 있다.

반트랜스휴머니즘에 대한 믿음은 트랜스휴머니즘이 삶의 많은 영역, 특히 사회적 차원에서 불공정한 인간 강화의 원인이 될 수 있다는 데 있다. 이것은 예를 들어, 스테로이드를 사용한 운동선수들이 경기에서 스테로이드를 사용하지 않은 선수들보다 우위에 있는 것과 같은 스테로이드의 사용과 비견될 수 있다. 또한 사람들이 일터에서나 교육적 면에서 특정 신경 삽입물을 주입함으로써 우위에 있게 될 때에도 앞과 똑같은 시나리오로서 불공정한 인간 강화의 예가 될 수 있다.[47]

트랜스휴머니즘의 제(諸) 경향들

트랜스휴머니스트 사상에는 다양한 견해가 존재한다. 다수의 선구적인 트랜스휴머니스트 사상가들은 끊임없이 수정과 발전을 유지해 왔다. 트랜스휴머니즘의 특징적인 여러 경향들은 아래의 알파벳순 목록에서 확인된다.

- 민주적 트랜스휴머니즘(Democratic transhumanism)이란, 2002년에 제임스 휴즈가 창시한 용어로, 자유주의적·사회적·급진적인 민주주의 견해와 트랜스휴머니즘을 통합한 정치적 이데올로기이다. 민주적 트랜스휴머니즘은 인간이 그들의 삶을 제어하는 자연적·사회적 영향력을 보다 합리적으로 통제했을 때 더 행복해질 것이라는 확신에서 기인한다.
  이러한 근본적인 인본주의적 주장은 두 가지의 서로 얽힌 계몽주의적 가치를 이끌어낸다. '자유, 평등, 단결, 그리고 집단 자치가 결합된 민주주의 전통'과 인간이 생명체의 조건을 향상시키기 위해 지성과 기술을 사용할 수 있는, 즉 '이성적·과학적 진보에 근간한 신념으로서의 민주주의 전통'이 바로 그것이다.(Hughes, 2002)

- 엑스트로피아니즘(Extropianism)이란, '인간 조건(Human condition)을 지속적으로 향상시키는 기준과 가치체제를 도출해내는 이론'으로 트랜스휴머니즘의 가장 중요한 버전이자 생명 무한 확장론의 철학으로도 언급된다. 생명 무한 확장론자(Extropian)는

과학기술 내에서의 발전이 언젠가 인류에게 무한한 생명을 제공해줄 것이라 확신하며 이 목표에 도달하기 위해 새로운 기술 개발과 연구에 몰두한다.

엑스트로피아니즘의 철학은 무한한 확장(Boundless Expansion), 자기 변환(Self-Transformation), 동적인 낙천주의(Dynamic Optimism), 지능적 과학기술(Intelligent Technology), 자발적 명령(Spontaneous Order)의 가치를 옹호한다.(More, 1990)

- 이모탈리즘(Immortalism, Anti-aging movement)이란, 과학기술에 힘입어 수명 연장과 불멸이 가능하고, 또 바람직하다는 신념에 기초한 도덕주의이다. 따라서 그것의 실현을 보장하는 연구와 개발을 지지한다. 여기에는 노화의 진행을 연기시키는 것보다 더 효과적인 성형수술과 같은 기술로 안티에이징을 실현하려는 관심도 포함된다.

안티에이징 운동의 이름난 두 지지자로는 기술진보를 통해 노화를 저지할 수 있다고 생각하는 커즈와일과 인체를 복잡한 기계로 판단하여 무한정 개선이 가능하다고 여기는 오브레 드 그레이(Aubrey de Grey)가 있다. 이 외에도 개리 루브컨(Gary Ruvkun), 신시아 케니언(Cynthia Kenyon), 아서 레빙슨(Arthur D. Levinson)과 같은 분자 생물학자, 유전학자, 생물의학 노인학자(biomedical gerontologists)를 포함하는 여러 과학자들과 저명한 공헌가들이 있다. 그러나 2003년 노인학 (연구)공동체의 수치(figures)는 의사(疑似) 과학운동(pseudoscience of the movement)의 연구와는 거리가 있다.

- 자유 의지론적 트랜스휴머니즘(Libertarian transhumanism)이란, 자유지상주의와 트랜스휴머니즘을 통합한 정치적 이데올로기이다. 자유 의지론을 표방하는 잡지 『리즌(*Reason*)』의 로널드 베일리와 미국의 유명 정치 블로그, '인스타펀딧(Instapundit)'으로 유명한 테네시 대학(University of Tennessee College of Law) 법학교수 글렌 레이놀즈(Glenn Reynolds)와 같은 자칭 자유 의지론적 트랜스휴머니스트들은 '인간능력 증강에 대한 권리(Right to human enhancement)'를 역설하고 자유시장이 이러한 권리에 있어서 최상의 보증인임을 내세운다. 또한 그것이 어떠한 경제체제보다 더 큰 번영과 개인의 자유를 생산하고 있음을 말한다.

- 포스트젠더리즘(Postgenderism)이란, 진보적 생명공학과 보조생식기술(assisted reproductive technologies)의 적용을 통해 인류의 임의적인 성별 제거를 옹호하는 다양한 사회적·정치적·문화적 운동이다. 그리고 포스트젠더주의자((postgenderist)는 성별에 따른 역할, 사회계층화, 인지과학의 물질적 불균형(cogno-physical disparities), 그리고 분쟁이 일반적으로 개인과 사회에 해악을 끼친다고 주장한다. 또한 그들은 보조생식기술이 실현되었을 때, 생식 목적을 위한 성별은 무용지물이 되고, 포스트젠더화된 모든 인간이 선택에 의해 임신능력을 가질 수 있다고 믿는다. 그로 인해 이러한 사상이 지배하는 사회 속에서는 한정된 성별의 필요성이 사라질 것이다.

■ 특이점주의(Singularitarianism)란, 기술적 특이점이 가능하리라는 신념에 기댄 도덕주의로서, 그것의 안정성을 보장하고 그것이 초래할 계획적 행위를 옹호한다. 특이점주의자들은 여타 미래학자와는 구별되는데, 이는 그들이 특이점은 가능할 뿐만 아니라 만약 그 시기로 신중하게 유도된다면 바람직하다라는 신념으로 기술적 특이점을 추측하기 때문이다. 그러므로 특이점주의자는 신속하고도 안전하게 현실화시킬 방식을 행하는 데에 헌신한다.

『타임(*Time*)』매거진은 특이점주의자의 세계관을 다음과 같이 서술한다. "비록 공상과학소설처럼 들릴지 모르나, 그렇지 않다. 이것은 지구상 생명체의 미래에 대한 진지한 가설이다. 초지능의 불멸 사이보그(super-intelligent immortal cyborgs)와 같은 개념을 있는 그대로 받아들이려는 당신을 가격할 지능적 반사 작용(intellectual gag reflex)이 있다. 그러나 특이점은 그것에 직면해 보아 터무니없게 여겨지지만, 진실하고 주의 깊은 평가를 받는 개념이다."[48]

■ 테크노가이아니즘(Technogaianism)이란, 기술에 대한 'techno-'와 가이아 철학에 대한 'gaian'을 결합한 혼성 신조어로서, 생태학적 이데올로기로 새롭게 출현하는 과학기술이 지구환경을 복원시킬 수 있다는 신념, 그리고 발전 도상의 안전하고 완전한 대체기술이야말로 환경보호론자(Environmentalist)의 주요 목표가 되어야 한다는 신념에 기초한다. 이러한 관점은 진보적인 환경주의자들의 기본 입장과 모든 과학기술이 환경을 필연

적으로 저하시키고 따라서 환경 복원이 기술에 대한 의존도가 낮을 때에만 발생할 수 있다는 공통적인 견해와는 다르다.

환경보호론자는 과학기술이 시간이 지남에 따라 더욱 오염되지 않은 채 능률성을 갖추어 진행될 것이며, 미세공학과 생명공학과 같은 것들이 환경상태를 전환시킬 것이라 주장한다. 예를 들면, 분자 미세공학기술은 쓰레기 매립지의 폐기물들을 유용한 재료나 제품으로 바꿀 수 있고, 생명공학기술은 유해 폐기물을 먹어치우는 새로운 미생물을 만들어낼 수 있다.

생명 윤리학자이자 미래학자 조지 드보르스키(George Dvorsky)는 테크노가이아니즘의 취지가 지구 문제를 해결하고 환경이 파괴되지 않고 계속될 수 있는 과학기술을 사용하며 생태학적으로 다양한 환경을 조성하는 것이라 말한다. 또한 그는 소행성 충돌, 지진, 화산 폭발 등으로 인한 피해에 맞서는 방어적 대응책이 고안될 수 있다고 주장한다. 그리고 인간이 지구에 미치는 환경적 영향력을 감소시키는 데에도 유전공학이 사용될 것이라 제안한다.

▲ 에덴 프로젝트(Eden Project)에서 측지선 바이옴 돔(biome domes)의 파노라믹 전경

트랜스휴머니즘의 영성적(靈性的) 관점

트랜스휴머니즘은 인류의 소멸과 재형성에 초점을 맞추어 때때로 종교적 양상을 지닌 것으로 보인다. 트랜스휴머니즘이 단지 이전의 이단을 흉내 내고, 창조자가 아닌 오직 인간의 의지로부터 구원을 기대한다는 우려에도 불구하고(Waters 2011, 171, 재인용), 기독교처럼 지구 종말론을 주장한다. 또한 종말론적 위기에 대한 관심은 기술-사회적 특이점(techno-social singularity)의 형태로 트랜스휴머니즘에서 지배적인 요소이다.

트랜스휴머니즘은 기독교뿐만 아니라 열반에서 변형하는 불교와도 어떠한 접점이 있다. 선종(禪宗)의 켄쇼(kensho, 'Ken'은 보는 것, 'shō'는 본성, 본질을 의미)와 사토리(satori, '마음의 미혹을 벗어나 득도하다'라는 일본어 동사 'satoru'에서 유래)는 우리의 마음 상태의 변화, 즉 완전한 깨달음의 경지가 아닌 최초의 통찰력 혹은 각성으로 - 이는 트랜스휴머니즘이 환영하는 향상이다. 또한 영적인 토대 없이 진보된 과학기술을 추구하지 않도록 경고하는 '사이보그 붓다 프로젝트(Cyborg Buddha Project, 신경과학과 최근의 신경기술이 행복, 영성, 인지적 해방, 윤리적 행동과 고찰적·몰입적 정신상태의 탐구에 미치는 영향력에 대한 토론을 장려하는 연구계획)'에서 불교는 여전히 특이점(싱귤래러티)을 야기하는 수단으로 추천 받는다. 그러나 불교는 현재의 순간에 집중하는 반면, 트랜스휴머니즘은 우리가 무엇이 될지, 미래에 전 세계가 어떻게 변화할지에 대해 관여한다.(Evans, 2014)

다수의 휴머니스트들이 무신론자(Atheist), 불가지론자(Agnostic) 혹은 세속적 휴머니스트(Secular humanist)라고 할지라도, 일부는 종교적 혹은 영적인 관점을 지니고 있다. 우세한 비종교적 사고방식에도 불구하고, 일부 트랜스휴머니스트들은 전통적으로 종교가 신봉하는 바람, 이를테면 불멸성(Immortality)과 같은 것을 추구한다. 반면, 라엘리안 무브먼트(Raëlism)*처럼 논쟁의 여지가 있는 20세기 후반의 새로운 종교적 운동은 기술적용으로 인간 조건을 변화시키는 트랜스휴머니스트적인 목표를 기꺼이 받아들인다.

라엘리안 무브먼트

라엘리안은 히브리어로 '빛을 나르는 사람들'이란 뜻으로, 카레이싱 잡지 『오토팝(*Autopop*)』의 스포츠카 저널리스트 클로드 보리롱 라엘(1946~)이 1974년에 창설한 미확인비행물체(UFO) 종교이다. 그는 우주인 엘로힘(Elohim)으로부터 마지막 메시지 - 라엘리안 무브먼트의 목적이 세계에 엘로힘에 대해 알리는 것 - 를 받았다. 라엘리안 무브먼트는 지구상의 생명체가 엘로힘에 의해 과학적으로 창조되었다고 가르친다. 신도들은 엘로힘의 메신저이자 예언자가 부처, 예수, 그리고 각 시대의 인간들에게 (말씀을) 알린 다른 이들을 포함한다고 믿고 있다. 라엘리안 윤리관은 세계 평화, 공유, 민주주의, 그리고 비폭력을 추구한다.

라엘은 1997년, 최초의 인간복제 전문회사 클로네이드(Clonaid)를 설립하지만, 2000년에 라엘리안 주교 브리짓트 봐셀리에(Brigitte Boisselier)에게 인계한다. 2002년, 회사는 어느 미국인 여성이 표준 복제 절차(standard cloning procedure)를 거쳐 2002년 12월 26일에 딸 이브(Eve)를 출산했다고 공언한다. 비록 극소수만이 그 주장을 믿었지만, 그럼에도 불구하고 이 사건은 라엘리안의 광신도들(cult status)을 더 자세히 알아보려는 당국과 주류 언론의 관심을 끌었다.

▲ Raëlism symbol
[유대교와 이스라엘을
상징하는 다윗의 별 (Star of
David)에 평화를 상징하는
만자(卍字, swastika)가
박혀있는 모양새]

▲ 클로드 보리롱 라엘

그러나 트랜스휴머니스트 운동에 관련된 대부분의 사상가들은 실질적인 목표 - 건강하게 장수하는 삶을 위해 과학기술을 사용하는 것 - 에 초점을 둔다. 동시에 그들은 신경신학(Neurotheology)*의 미래적 인식과 그 적용이 인간에게 흔히 영적 체험이라 일컬어지는 변화된 의식상태(states of consciousness)에 더 강한 통제력을 제공하여 따라서 인간이 더 깊은 자기 인식(Self-knowledge)에 도달할 것이라 예측한다.

신경신학

신경신학 혹은 영적 신경과학(spiritual neuroscience)으로 알려진 종교적 신경과학(neuroscience of religion)은 이를테면, '영적인 뇌(Spiritual brain)' 혹은 '하나님 감지 영역(God spot)' 등으로 종교적 경험과 행동을 신경과학적 표현으로 설명하려는 것이다. 이것은 영성의 주관적 경험에 관한 신경계 현상과 이러한 현상들을 설명하는 가설의 상관관계에 대한 연구이며, 정신을 연구하는 종교 심리학과는 대비된다.

트랜스휴머니스트 불교도들은 다양한 불교유형과 불교에서 파생된 명상 및 '신경 기술(neurotechnoloies)'을 확장시키는 의지 간의 조화를 탐구한다. 그러나 그들은 인간성을 초월하는 도구로서 마음 챙김(Mindfulness)*을 사용하는 것에 대해서는 비판적이다.

마음 챙김

마음 챙김은 현재 발생하는 경험에 집중하는 심리학적 과정으로 명상과 다른 훈련을 통해 발전시킬 수 있다. 이 용어는 팔리어(Pali, 소승불교경전에 쓰인 고대 인도어) '사티'(sati, '알아차림'이란 뜻으로 불교 전통의 중요 요소)를 번역한 것이다. 불교의 가르침에서 마음 챙김은 점진적으로 계몽 혹은 고통으로부터의 완전한 해방에 이르는 '자기인식'과 '지혜'를 발달시키는 데에 이용된다. 최근 서양에서 마음 챙김의 대중성은 스트레스 감소 클리닉(Stress Reduction Clinic)과 마음 챙김 센터(Center for Mindfulness)의 창설자 존 카밧-진(Jon Kabat-Zinn)에 의해 확보된다.

어떻게 우리는 최첨단 과학기술을 사용하여 인간의 지능적·신체적·심리적 능력을 향상시킬 수 있는가? 어떻게 우리는 21세기 혹은 그 이후에 스스로를 업그레이드 시킬 수 있는가? 이것은 트랜스휴머니즘이 답변하려는 질문이다. 이제는 평범한 인간이 고도로 증진된 사이보그가 될지도 모른다. 그러나 우리는 그가 자신의 나노바이러스를 방출하고 세상을 파괴하려는 것을 막을 수 있는가? 아마 어려울 것이다. 결국, 과학기술적으로 업그레이드된 초인류가 된다는 것은 반드시 더욱 공감능력을 갖춘 형태로 만들어졌다는 것은 아니다. 인간의 공감능력을 높이는 것은 특정 그룹의 사람들, 즉 불교도가 아주 오래 전에 행하던 것이다. 이를 테면, 자비명상[Loving-kindness meditation, 네 가지의 측량할 수 없는 무한한 마음인 사무량심(四無量心) - 자애심, 연민, 기쁨, 평등심 - 을 배양하는 훈련]은 자발적으로 공감능력을 향상시키는 한 가지 방안이다. 전 세계를 둘러싼 수많은 영적인 전통은 인류를 향상시키고, 특히 개인 간에 발생하는 윤리성과 미덕을 높일 방법을 고안해왔다. 바로 이것이 트랜스휴머니스트 운동이 받아들이려는 것이다.(Hughes, "Cyborg Buddha – IEET's James Hughes on Transhuman Enlightenment and Basic Income")

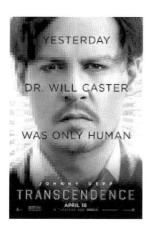

YESTERDAY

DR. WILL CASTER

WAS ONLY HUMAN

JOHNNY DEPP

TRANSCENDENCE
APRIL 18

▲ 인간의 두뇌가 업로드 된 슈퍼
컴을 주제로 한 영화 『트랜센던스
(Transcendence, 2014)』

많은 트랜스휴머니스트들은 인간의 정신과 컴퓨터 하드웨어 간의 양립 가능성을 믿는다. 여기에는 인간의 의식이 언젠가 대체미디어(통상적으로 '마인드 업로딩'으로 알려진 추론적 기술)로 옮겨질 수 있다는 이론적 암시를 수반하고 있다. 일부 트랜스휴머니스트들의 관심을 끈 이 아이디어의 공식적 표현은 기독교도 우주론자(cosmologist)인 프랭크 티플러(Frank Tipler)가 제안한 '오메가 포인트(Omega Point)'*이다.

오메가 포인트

오메가 포인트는 예수회 신학자(Jesuit theologian) 피에르 떼이아르 드 샤르댕(Pierre Teilhard de Chardin, 1881-1955)이 주조한 용어로, 우주의 모든 것이 종교적 통합을 향해 전진할 운명이라는 영적 믿음이자 과학적 고찰이다. 그는 오메가 포인트와 그리스도(Christian Logos)와의 공통점을 주장한다. 성서에서 그리스도는 자신을 '알파와 오메가(Alpha and the Omega)', 즉 '시작과 끝'으로 세 번 묘사한다. 오메가 포인트 개념은 존 데이비드 가르시아(John David Garcia), 파올로 솔레리(Paolo Soleri), 데이비드 도이치(David Deutsch) 등의 저서에서 더욱 발전된다.

디지털리즘(Digitalism)의 사상을 이용하여 티플러가 발전시킨 개념은 다음과 같다. 지금으로부터 수십억 년 후 우주의 붕괴는 메가컴퓨터(Megacomputer) 내의 가상현실 속에서 인간을 영구화(perpetuation)시킬 수 있는 상태를 만들고, 그로 인해 '신격화된 포스트휴먼(Posthuman godhood)'이 탄생할 것이다. 티플러의 사상은 샤르댕의 저서에서 영감을 받았다. 그는 누스피어[Noosphere, 'noo(정신)'와 'sphere(시공간)'를 결합시킨 용어로, 집단지성이 사이버 공간에서 형성한 세계], 즉 전체적 자각을 둘러싼 발전에서 진화론적 텔로스(Telos)를 보았다. 기독교 사상가들의 관점에서 '마인드 업로딩' 개념은 인간 육체의 훼손, 즉 마니교(manichaean)의 근본 교의인 영지주의적 신념을 드러내는 것이다. 비(非)기독교도와 일반 평론가들은 트랜스휴머니즘과 그것의 지적 창시자들을 신(新)그노시스트(Neo-gnostic)로 묘사하고 있다.

트랜스휴머니즘과 신앙 간에 이루어진 최초의 문답은 2004년 토론토 대학교(University of Toronto)에서 개최된 하루 일정의 회담이었다.

왜 트랜스휴머니즘과 신앙과의 대화인가? 가장 넓은 의미에서, 트랜스휴머니즘은 인간이 본성을 개조하기 위해 과학기술을 사용해야 한다는 관점이다(Bostrom, 2001, Walker, 2002b, 재인용). 줄기세포 기술(stem cell technology), 유전공학 및 나노기술을 통해 우리는 금세기에 인간의 수명과 지능을 크게 향상시킬 수 있으며, 어떤 사람들은 스스로를 더 행복하고 유익하게 만들 수 있다고 믿는다(Pierce, 1996; Walker, 2003; Hughes, 2004, 재인용). 인류 진화의 다음 단계로서 인류와 과학기술의 통합으로 인해 우리에겐 인간 이상의 무언가가 될 기회가 있다.

이러한 생각은 종종 '포스트휴먼 미래(posthuman future)'라는 주제 하에 논의된다. 포스트휴먼은 증강된 정신적·신체적·도덕적 능력 - 현재 인간이 획득할 수 있는 어떠한 것을 넘어선 - 을 가질 수 있음을 암시한다. 일부는 포스트휴먼 미래가 단순히 기술 중심 사회의 필연적인 부산물로 보일 수 있다고 주장한다. 잠재적 과학기술로 인한 인간 변형이 특히 신앙과 영적 세계관으로 비롯된 사람들의 관심을 끄는 것은 놀랄만한 일이 아니다.

인간을 개조시키는 제안은 제도적인 종교와 믿음을 지닌 사람들에게 언뜻 적대적으로 보일 수 있다. 트랜스휴머니즘의 계획은 인간 본성에 대해 전통적인 종교의 이해와 창조된 질서 사이에서 인간의 위상에 대한 많은 쟁점을 제시한다. 여기에서 한 가지 공통된 반응은 인간을 재창조하는 데에 과학기술을 사용하는 것이 인간에게 '신의 역할을 하는 것'과 같다는 것이다.(Campbell, 2005)

종교 비평가들은 트랜스휴머니즘 철학이 영원한 신념도 신과의 관계성도 제공하지 않는다는 이유를 들어 비난한다. 그들은 신념을 잃은 철학이 휴머니티를 포스트모던적인 견유주의(Cynicism)와 아노미 현상(Anomie)의 안개 낀 바다에 표류되는 것을 방치했다고 지적한다. 이에 트랜스휴머니스트들은 이러한 비난이 바로 트랜스휴머니스트 철학의 실질적 내용을 제대로 파악하지 못했음을 입증한다고 대응한다. 트랜스휴머니스트 철학은 냉소적인 것과는 거리가 먼, 오히려 계몽주의로 거슬러 올라가는 낙관적·이상적 사고방식에 뿌리내리고 있다.

▲ 윌리엄 심스 베인브릿지

종교 사회학자 윌리엄 심스 베인브릿지 (William Sims Bainbridge)는『발전과 기술 저널(*The Journal of Evolution and Technology*)』에서 출간된 예비 연구에서 종교적 사고방식이 트랜스휴머니스트 개념을 수용하는 데에 소극적임을 암시하고 있다. 그리고 종교적 세계관이 투철한 개인들은 그들의 영적 신념으로 비추어 볼 때, 트랜스휴머니즘을 노골적·경쟁적 모욕으로 인식하는 경향이 있음을 지적하고 있다.

베인브릿지는 트랜스휴머니즘과 신앙 간의 충돌을 예견하고, 동시에 이러한 입장에 대한 사회학적·철학적 사유를 덧붙인다. 그가 제시한 사회학적 측면은 트랜스휴머니즘과 고통을 개선하고 세계를 향상시키는 기술의 잠재성이 교회의 독점권을 위협한다는 것이다. 그의 말에 따르면, "가장 세속화된 형태의 종교를 제외한 모든 종교가 트랜스휴머니즘을 신성모독이라고 낙인찍는 것은 예측할 수 있다." 다수에게 신이 우리의 영적 지도자라는 점은 사실이나, 이것이 어떻게 베인브릿지의 사회학적 예측을 입증하는가에 대해서는 분명하지 않다. 그 이유는 종교적 지도자가 신자에 대한 절대적 지배권을 갖고 있지 않기 때문이다. 이것은 베인브릿지의 예측이 잘못되었다고 말하는 것이 아니라, 지도자가 얼마나 많은 헤게모니를 유지할 것이냐의 문제이다. 그리고 철학적인 측면은 인간본성을 향상시킬 수 있다는 트랜스휴머니즘의 제안이 신의 피조물에 대한 암시적 비판이라는 점이다.(Campbell, 2005)

2009년 이래로 미국종교학회(American Academy of Religion)는 매년 그들의 모임에서 '트랜스휴머니즘과 종교' 자문위원회를 열고,

여기에서 종교연구 분야 학자들은 트랜스휴머니스트적인 주된 주장과 가설의 근저에 내재된 종교적 믿음을 확인하고, 비판적으로 평가한다. 그들은 인류의 미래 특히 인간 변형의 전망에 대한 자신들의 생각을 발전시키기 위해 어떻게 트랜스휴머니즘이 종교적 전통에 도전해야 할지를 고려한다. 그 뿐만 아니라, 그들은 미세공학, 로봇공학, 기술 정보학을 깊이 신뢰하는 미래에 대해 비판적·건설적 평가를 제공한다. 이는 이러한 기술들로 잠재적 불멸성을 획득하고, 뛰어난 포스트휴먼 종(種)을 창조할 수 있기 때문이다.

줄리오 프리스코는 "과학에 근본을 둔 우주론적 종교가 초지능에 대한 무모한 추구와 다른 위험성 있는 기술로부터 최고의 보호막이 될 것"이라고 말한다. 또한 그는 러시아 종교 사상가 니콜라 표도르비치 표도로프(Nikolai Fyodorovich Fyodorov)의 트랜스휴머니즘 운동의 기원에 대한 일부 사상처럼 영적 관념의 중요성을 인지한다.

3. 트랜스휴머니즘 실천

일부 트랜스휴머니스트들이 신흥 기술의 이점에 대해 추상적이고 이론적인 접근법을 취하는 반면에, 다른 어떤 이들은 (상속 가능한) '인간 몸의 변형'이라는 구체적인 제안을 제시한다. 그 중에서도 트랜스휴머니스트들은 종종 인간 신경계를 향상시키는 방법에 관심이 있으며 케빈 워릭(Kevin Warwick)과 같은 일부 사람들은 말초신경계의 변형을 제안하기도 한다.* 또한 특히 뇌는 인격성의 공통분모로 간주됨으로써 트랜스휴머니스트들의 열망의 주된 관심영역으로 자리하고 있다.[49]

케빈 워릭의 사이보그 도전

케빈 워릭은 단순히 실험 보고서를 작성하는 것에서 훨씬 나아가 자신의 신경계를 컴퓨터와 직접 연결하여 인터넷에 접속하기 위해서 2002년에 왼쪽 팔꿈치의 중앙 신경에 100개의 전극 배열을 외과적으로 이식했다. 그는 자신의 신경 신호를 사용하여 로봇 손을 직접 제어하였으며 그로 인해 손가락 끝에서 오는 피드백으로 손에 가해진 힘을 느낄 수 있었다. 또한 그 외에도 초음파 센서 입력을 경험하였으며 그 자신의 신경 시스템과 전극을 이식받은 그의 부인과 최초의 전자적 의사소통을 할 수 있었다.50)

성 전환(gender transitioning)을 포함한, 스스로 유도한 경제적, 지적, 감정적 향상을 뜻하는 자기 계발(self-improvement)과 신체 변형의 지지자들과 같이, 트랜스휴머니스트들은 기존의 기술과 기계, 장비 등을 사용하여 인지능력과 신체적 수행능력을 향상시키는 경향이 있으며 건강과 수명을 향상시키는 라이프 스타일을 고수하는 경향이 있다.51)

일부 트랜스휴머니스트들은 그들의 나이 때문에 미래 기술들의 혜택을 볼 때까지 살지 못할 것을 걱정한다. 하지만 많은 트랜스휴머니스트들은 생명연장과학*에 엄청난 관심을 가지고 있으며, 또한 검증되지 않은 방법으로 남겨두기보다 최후의 수단으로 선택 가능한 방안이 되도록 인체 냉동 보존술을 위한 연구자금 모금에 큰 관심을 가지고 있다.[52] 지역적이며 세계적인 다양한 목적을 가진 트랜스휴머니스트 네트워크와 커뮤니티는 공동의 프로젝트와 토론을 위한 포럼 등으로 존재한다.

트랜스휴머니스트들의 생명연장과학이란?

생명연장 과학(Life extension science)은 노화 방지 의술(anti-aging medicine), 무기한 삶의 확장(indefinite life extension), 실험적 노년학(experimental gerontology), 생물 의학 노년학(biomedical gerontology) 등으로 알려져 있으며 노화의 진행을 늦추거나 역전시켜 평균 수명을 늘리는 것을 연구한다. 이 분야의 일부 연구자들과 '삶 확장주의자' '불멸주의자' 혹은 '장수주의자' 들은 회춘과 줄기세포, 재생의학, 분자 치료, 제약회사, 유전자 치료, 장기 이식 들이 결국 인간을 완벽하게 젊고 건강한 상태로 회춘시켜 무기한의 수명을 가질 수 있도록 만들 것이라고 믿고 있다.

관심 기술 분야

트랜스휴머니스트들은 나노 기술과 생명공학, 정보기술 및 인지과학(NBIC)을 비롯한 기술의 출현과 융합을 지원하고, 가상현실과 인공지능, 초지능(superintelligence)*, 3D 바이오프린팅, 마인드 업로딩, 화학적 두뇌 보존술(chemical brain preservation)*과 냉동보존술 등과 같은 미래의 가상 기술 또한 지지한다. 그들은 인간이 인간 이상의 존재가 되기 위해 이러한 기술들을 사용할 수 있어야 하고 또한 사용해야 한다고 믿고 있다.53) 그래서 그들은 자신과 자녀에게 인간 강화 기술(human enhancement technologies)을 사용하는 선택권을 보장하기 위해서 인지적 해방(cognitive liberty)*, 형태학적 자유(morphological freedom)* 및 생식의 자유(procreative liberty)를 시민의 자유(civil liberties)로 인정하고 (혹은) 보호하는 것을 지지한다.54)

유사하게, 소유의 권리는 같은 방법으로 파생될 수 있다. 우리들은 도구와 우리가 소유한 자본들 없이는 살아갈 수 없는 기술적 존재다. 만약 우리가 그러한 기술들을 거부한다면 우리들은 번영해 갈 수 없다. 자유의 권리에서부터 인간 스스로의 몸을 변형시킬 수 있는 권리를 따르는 몸을 소유하는 권리로 나아간다. 만약 나의 행복 추구가 육체적 변형을 요구한다면 - 내 머리를 염색해야 하거나, 나의 성(性)을 바꿔야 하는 것 등 - 나의 자유 권리는 형태학적 자유의 권리를 요구한다. 나의 육체적 안녕은 아마 나에게, 내 몸에게 영향을 주기 위해서 항생제를 사용하거나 수술을 하는 것을 요구할지도 모른다. 더 심층적인 단계에서, 우리의 사고는 우리의 몸과 분리되어 있지 않다. 우리 사고의 자유는 뇌 활동의 자유를 의미한다. 만약 (뇌가 쓸모 있게 되기 위한) 뇌 구조의 변형이 금지된다면, 그들은 우리가 달성할 수 있었을 정신적 상태를 실현하는 것으로부터 우리를 막을 것이다. 몸과 우리의 정신 사이에는 분할선이 없고 둘 다 우리 자신의 일부분들이다. 형태학상의 자유는 우리 자신을 변형할 권리이다. ...... 가치 차이의 문제는 아마 불평등의 결정인자보다 훨씬 강할 것이며 게다가 규제들은 인위적으로 가격을 올릴 것이다. 실제적

형태학적 자유를 선택권으로 만드는 가장 좋은 방법은 그것을 규제하는
것이 아니라, 다양한 사람들 사이에서 그것의 사용을 권장하고 발전시키
는 것이다. 나는 형태학상의 자유를 이끄는 핵심체제의 개략을 진술해 왔
으며, 어떻게 그것이 얻어지는지를 보여주는 권리의 핵심체제의 개략 또
한 진술해 왔다. 그 핵심체제는 다른 중요 권리들에게도 필수적이다. 현
재의 사회적 기술적 흐름을 제시함으로써 형태학적 자유와 관련된 쟁점
들은 점점 더 다음 수십 년 동안 적절해질 것이다. 새로운 기술과 유익한
방향으로의 안내로부터 많은 것을 얻기 위하여 우리는 형태학적 자유에
대한 강한 헌신이 필요하다. ...... 나의 관점에서 형태학적 자유는 인간
성을 제거하게 하는 것이 아니라 - 더욱 진정한 인간이 무엇인지를 표현
하는 것이다. (Sandberg, Anders. "Morphological freedom -- why we not
just want it, but *need* it")

인간 강화 기술 : 초지능과 화학적 두뇌 보존

인간 강화 기술(HET)은 단순히 병이나 장애
를 치료하는 기술일 뿐만 아니라 인간의 특
성과 능력을 강화시키는 기술을 의미한다.
이 기술은 특히 융합과학기술과 출현하고 있
는 신기술들과 관련 있는데 대표적 으로 초
지능과 화학적 두뇌 보존술을 꼽을 수 있다.
통상적으로 **초지능**은 매우 뛰어난 지능을
보유하도록 작용하는 가상적 작용물질을
뜻하기도 하며 어떤 작용물질에 의해 소
유된 지능의 정도와 형태를 뜻하기도 한
다. 옥스퍼드 대학의 철학자 닉 보스트롬은 초지능을 '과학적 창
의성과 일반적인 지혜 및 사회적 기술 등 모든 분야를 포함하여
인간 두뇌보다 훨씬 뛰어나고 똑똑한 지성'이라 정의하였다. 즉
인간 지능보다 총체적 우위를 지닌 것이 초지능이다. (Bostrom, Nick.
"How long before superintelligence?". Linguistic and Philosophical
Investigations 5 (1): 11-30. 2006)

화학적 두뇌 보존술은 두뇌를 미래에 다시 소생시키기 위한 목적으로 오랜 기간 보존하기 위해 알데히드 보존제를 사용하는 기술을 뜻한다. 냉동보존술의 부가 기술 혹은 대안적인 기술로 여겨진다.

인지적 해방(cognitive liberty)과 형태학적 자유(morphological freedom)

'정신 자결(自決) 권리(right to mental self-determination)'라고도 불리는 **인지적 해방**은 개인 스스로 정신적 과정과 상황 그리고 의식을 통제하는 자유를 뜻한다. 이것은 '사유의 자유' 권리 아래 놓인 원칙이며 '사유의 자유'의 확장을 의미한다.

'**형태학상의 자유**'란 가능한 치료법 혹은 가능한 의학 기술의 사용에 대해 개인의 의지를 통해서 그들의 몸을 변형하거나 유지하는 시민 권리를 뜻한다. 이 용어는 1993년 트랜스휴머니스트인 막스 무어의 기사, 『기술적 자기 변형: 개인적 엔트로피의 확장 *(Technological Self-Transformation: Expanding Personal Extropy)*』에서 처음 사용되었다. 그는 이 용어를 '수술이나 유전공학, 나노 테크놀로지, 업로딩과 같은 기술을 통해 마음대로 몸의 형태를 변형할 수 있는 능력'이라고 정의하고 있다. 이 용어는 후에 과학 토론가 앤더스 샌드버그(Anders Sandberg)에 의해 '인간 몸에 대한 인간의 권리 확장, 단지 사유(self-ownership)뿐만이 아니라 개인의 욕망에 따라 그 자신의 몸을 변형할 수 있는 권리'를 뜻하는 용어로 사용되었다. (Bradshaw, H. G. Ter Meulen, R. "A Transhumanist Fault Line Around Disability: Morphological Freedom and the Obligation to Enhance". Journal of Medicine and Philosophy 35. 2010)

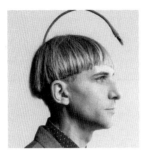

▲ 최초의 사이보그로 인정받고
있는 닐 하비슨(Neil Harbisson).
색맹인 그의 머리에는 색을 구
별하는 안테나가 심어져 있다.
형태학적 자유를 실천하고 있는
인물이다.

▲ 인체 냉동 보존술이란 미래의 의료기술로 소생
할 수 있는 것을 기대하고, 사람의 사체를 영하 19
6℃의 액체질소에서 냉동 보존하는 것을 뜻한다. 인
체 냉동 보존술이 등장하는 『데몰리션맨 Demolition
man(1993)』의 한 장면

    일부는 인간 강화 기술과 다른 신기술들이 늦어도 21세기 중반에
는 더 급진적인 인간 강화를 가능하게 할 것이라 추측한다. 커즈와
일의 책인 『특이점이 온다(The singularity is near)』와 미치오 카쿠
(Michio Kaku)의 『미래의 물리학(Physics of the future)』은 다양한 인
간 강화 기술들의 개요를 서술하고 있으며 어떻게 이 기술들이 인간
종에게 영향을 주는지에 대한 통찰력을 보여주고 있다. 융합기술과
NBIC (Nanotechnology, Biotechnology, Information Technology, and
Cognitive Science. 나노기술, 생명공학기술, 정보기술, 인지과학의
결합) 개념들에 관한 일부 연구들은 그들의 트랜스휴머니스트적 지
향과 과학소설적 특성을 비판해 왔다.[55]

    동시에, 두뇌와 몸의 변형 기술들에 관한 연구는 미국과 미국 동
맹국들의 슈퍼솔저(supersoldiers)[56]들에게 제공될 '전장(戰場) 이점'
에 관심이 있는 미국 국방부의 후원 아래 가속화 되어왔다.[57] 현재

군 과학자들이 전투를 위해 잠을 자지 않고 최대 168 시간 동안 견딜 수 있는 인간능력 확장방법을 찾고 있는 와중에, '정보처리 능력의 확장'을 위한 두뇌연구 프로그램은 이미 존재하고 있다.[58]

신경과학자인 앤더스 샌드버그(Anders Sandberg)는 두뇌의 아주 얇은 부분들을 스캔하는 방법에 대해 연구해 오고 있다. 이 방법은 두뇌의 구조를 더 잘 이해하도록 돕는 데 사용될 것이다. 현재로서 이 방법은 최근에 쥐에게 적용되었다. 이 기술은 기억과 감정들을 포함한 인간 두뇌의 내용물을 컴퓨터에 업로딩하는 단계로 나아가는 첫 번째 발걸음이다.[59]

▲ 힘을 증강시켜주는 로봇식의 보조 장치를 달고 있는 미국의 슈퍼솔저

4. 예술과 문화와 트랜스휴머니즘

트랜스휴머니스트 주제들은 트랜스휴머니즘 운동이 출현한 기간 동안에 다양한 문학적 양식으로 두드러지게 나타났다. 현대 과학소설은 종종 기술적으로 강화된 인간의 삶이 유토피아적 사회(특히 기술-유토피아적 사회)에 놓이는 긍정적인 모습들을 다루어 왔다. 그러나 과학소설 속의 강화된 인간이나 다른 포스트휴먼의 존재들은 종종 위협적인 비틀어짐이 따라오는 존재로 묘사된다. 좀 더 비관적인 시나리오는 인간 생명공학이 잘못된 결과를 가져오는 공포적, 디스토피아적 이야기들이다. 트랜스휴머니즘이 명백한 운동으로 출현하기 직전 수십 년 동안, 많은 트랜스휴머니스트들의 개념과 주제들은 과학(추론)소설의 황금기 때의 작가들에 의해 나타나기 시작했다. (과학소설의 황금기는 보통 1938년에서 1946년 사이 기간을 의미한다. 이 때 '과학소설'의 장르물이 많이 출판되었으며 대중적인 인기 또한 많이 얻었다. 과학소설 황금기 이전의 1920년대에서 1930년대를 과학소설 역사상 '펄프 시대'라고 부르고 1960년대에서 1970년대를 '과학소설 새 물결(뉴 웨이브) 시대'라고 명한다. 이때의 작가와 작품들에는 로버트 A. 하인라인(Robert A. Heinlein)의『라자러스 롱 시리즈(Lazarus Long series, 1941-87)』, A. E. 밴 보트(A.E. van Vogt)의『스랑(*Slan*, 1946)』, 아이작 아시모브(Isaac Asimov)의『나는 로봇 (*I, Robot*, 1950)』, 아서 C. 클라크(Arthur C. Clarke)의『유년의 끝 (*Childhood's end*, 1953)』과 스타니스와프 렘(Stanislaw Lem)의『사이버리아드(*Cyberiad*, 1967)』등이 있다.[60] C. S 루이스의『그 끔찍한 힘(*That Hideous Strength*, 1945)』은 트랜스휴머니즘에 대한 초기 비판을 담고 있다.

닐 에셔(Neal Asher)의 과학소설 시리즈에서 주인공은 '지구 중심 보안(Earth Central Security) 과제를 수행하는 증강된 인간(평범한 인류보다 증가된 능력치를 가진 자)이며, 인공지능 요원이자 초인적 연합체이다. 작가는 기억을 복제하거나 인간 마음을 수정 속에 담거나, 혹은 자애로운 인공지능의 모습이나 악의적인 인공지능 모습 두 가지 모두의 존재를 보여주는 것 등을 포함해서 다양한 인간 확대의 모습을 작품 속에서 그리고 있다.

예를 들어 윌리엄 깁슨(William Gibson)의『뉴로맨서(*Neuromancer*, 1984)』와 브루스 스털링(Bruce Sterling)의『스키즈 매트릭스(*Schismatrix*, 1985)』로 대표될 수 있는 사이버 펑크 장르는 특히 인간 몸의 변형과 관련이 있다. 니얼 리차드슨(Niall Richardson)은 "사이버 펑크란 사람과 주로 컴퓨터 기술 사이의 관계에 매료된 장르를 뜻한다. 사이버 펑크의 중점은 인간과 기계 사이의 경계를 흐리게 되는 '사이보그'

에 있다. 인공지능과 나노테크놀로지, 줄기세포 연구 그리고 인터넷의 발전은 사이보그 출현의 일부분의 예이다."라고 말한다.61) 또한 사이버 펑크는 과학소설의 하위 장르로서 기술력은 높지만 도덕적으로 경시되는 사회에 주로 초점을 맞추는 경향이 있다. 즉 작품 속에서 발전한 기술력과 과학적 성취물들이 사회질서를 급진적으로 변화시키거나 무너뜨리는 것으로 나타난다. 이러한 주제들의 광범위한 논의를 자극해온 트랜스휴머니스트적 주제를 다루는 다른 소설에는 그렉 베어(Greg Bear)의 『블러드 뮤직(*Blood Music*, 1985)』, 옥타비아 버틀러(Octavia Butler)의 『완전변이 세대(*The Xenogenesis Trilogy*, 1987-1989)』, 낸시 크레스(Nancy Kress)의 『거지의 삼부작(The Beggar's Trilogy, 1990-1994)』, 1990년대 초 이래로 쭉 발표 되어진 그레그 이건(Greg Egan)의 『펄뮤테이션 시티(*Permutation city*, 1994)』와 『디아스포라(*Diaspora*, 1997)』, 이언 M. 뱅크스(Iain M. Banks)의 『컬처 시리즈』, 린다 나가타(Linda Nagata)의 『보어 제조기(*The Bohr Maker*, 1995)』, 리처드 모건(Richard K. Morgan)의 『얼터드 카본(*Altered Carbon*, 2002)』, 마가렛 엣우드(Margaret Atwood)의 『인간종말 리포트(*Oryx and Crake*, 2003)』, 미셸 우에벡(Michel Houellebecq)의 『소립자(*The Elementary Particles*, 2001)』와 『어느 섬의 가능성(*The Possibility of an Island*, 2006)』, 로버트 소이어(Robert J. Sawyer)의 『마인드 스캔(*Mindscan*, 2005)』, 피터 헤밀턴(Peter F. Hamilton)의 『코몬웰스 사가(*Commonwealth Saga*, 2002-10)』, 찰스 스트로스(Charles Stross)의 『글래스 하우스(*Glass House*, 2005)』 등이 있다. 이들 중 일부 작품은 사이버 펑크의 한 장르로 여겨지거나 포스트사이버 펑크*의 분파로 여겨진다.

댄 브라운(Dan Brown)의 소설인 『인페르노(*Inferno*)』와 졸탄 이스트반(Zoltan Istvan)의 소설 『트랜스휴머니스트 웨거(*The Transhumanist Wager*)』는 트랜스휴머니즘의 주제에 초점을 맞추고 있다.[62][63] 투데이(*Today*)지와의 인터뷰에서 댄 브라운은 "트랜스휴머니즘은 우리 몸을 변형시키고 우리를 더 강한 종으로 만들 생물학적 유전적 기술들과 같은 것을 이용하는 과학이자 윤리이다."라고 말했다.[64]

소설의 트랜스휴머니스트 시나리오는 이미 20세기 후반에서 21세기 초의 기간 동안 여러 매체에서 인기를 얻었다. 이러한 시나리오는 만화책에서도 찾을 수 있고[65] 또한 영화[66]와 텔레비전 시리즈물,[67] 애니메이션,[68] 비디오 게임,[69] 게임의 한 종류인 역할 연기 게임(RPG) 등에서도 볼 수 있다.

프랑스 예술가인 생트 오르랑(Saint Orlan)에 의해 만들어진 조각양식인 '카널 아트'(Carnal Art) 혹은 '육체미술'로 불리는 이 형식은 몸을 중간 매체로 사용하고 성형 수술을 몸의 한 방법으로 이용한다. 그녀는 작품 속에서 자신의 신체, 얼굴을 장소로 이용하였다. 예컨대, 1990년부터 1993년까지 아홉 번의 성형수술로 얼굴을 변형시키고 그 과정을 생중계하는 작업 등을 행해왔다. 프랑스 생물학 인류학자인 주디스

▲ 프랑스 예술가인 생트 오르랑은 1978년 첫 성형수술 퍼포먼스를 선보였다. 그녀는 미용수술의 목적을 바꾼 최초의 예술가라고 스스로를 평가한다.

니코고시안(Judith Nicogossian) 박사 또한 하이브리드 신체(Hybrid Body)의 표현에 대해 연구하고 있다.

사이버 펑크 파생물 : 포스트사이버펑크란?

새로운 작가들과 예술가들이 사이버펑크 사상들을 가지고 실험을 해 나감에 따라 새로운 소설 장르가 등장했다. 전형적인 사이버펑크 스토리들은 제3차 산업시대 이후의 사회에서 벌어지는 결과들을 담고 있다. 예를 들어서 컴퓨터화 된 정보들의 유비쿼터스 데이터 환경과 인간 몸의 인공 두뇌학적 확대 등을 말한다. 하지만 이들의 이야기에서 디스토피아적 가정은 필요하지 않은 것이 보통이다. 오히려 유토피아적 미래를 그리거나 각 기술적 요소들이 성숙한 사회를 만드는데 사용된다. 사이버펑크는 기술 문명이 사람을 소외시키는 부분을 강조하는 반면에 포스트사이버펑크는 기술이 인간의 삶에 필수적이며 사회를 유지시키는 역할을 하는 것에 주목하는 차이가 있다. 즉 사이버펑크는 반체제적인 성향이 강한 반면 포스트사이버펑크는 다양한 정치적 입장을 보이는 것이 특징이다.

5. 트랜스휴머니즘 논쟁

  인간 강화 및 관련 쟁점에 대한 개념과 전망은 공공연한 논쟁을
불러일으킨다. 트랜스휴머니즘과 그 안건에 대한 비평은 다음의 두
가지 형태로 나타난다. 첫 번째, 트랜스휴머니스트의 목표가 성취될
가능성에 반대하는 실제적 비평(practical criticisms)과 두 번째, 트랜
스휴머니스트적인 제안과 트랜스휴머니즘의 자체적 근본을 입증하는
도덕적 원칙 혹은 세계관에 반대하는 윤리적 비평(ethical criticisms) 이
다. 트랜스휴머니즘을 비판하거나 반대하는 사람들은 종종 트랜스
휴머니스트적인 목표가 인간의 가치에 위협적인 것으로 판단한다.
  트랜스휴머니스트 관련 기획에 대해 가장 널리 알려진 비판들 중
의 일부는 소설과 영화이다. 이러한 인문과학 작품은 철학적 분석이
아닌 상상 속의 세계를 표현함에도 불구하고, 몇몇 공식 논쟁들의
시금석으로 사용된다. 인간 강화 기술을 채택한 현대 사회가 - 올더
스 헉슬리(Aldous Huxley)*의 소설『멋진 신세계[*Brave New World*,

셰익스피어의 희극『템페스트(*Tempest*)』에서 제목을 따옴]』에서 묘사된 - 디스토피아와 유사할 것이라는 의견에 다양한 논쟁이 있다.

올더스 레너드 헉슬리
(1894. 7. 26.~1963. 11. 22.)

올더스 레너드 헉슬리는 옥스퍼드 베일리얼 대학(Balliol College, Oxford) 영문학과를 수석으로 졸업하고, 작가이자 철학가로 활동했다. 인본주의자, 반전주의자, 그리고 풍자가인 그는 거의 50권에 달하는 작품을 남겼지만, 특히나 소설 분야에 정평이 나있다.『멋진 신세계』는 헉슬리의 다섯 번째 소설이자 최초의 디스토피아 작품으로, 그는 허버트 조지 웰스(Herbert George Wells)의 유토피아 소설『현대적 유토피아(*A Modern Utopia*, 1905)』와『신들과 같은 인간(*Men Like Gods*, 1923)』에서 영감을 얻었다고 밝힌다. 웰스의 미래 가능성에 대한 희망적 비전은 헉슬리에게 풍자적으로 개작하는 아이디어를 제공했다. 이후, 그는 초(超)심리학(parapsychology)과 철학적 신비주의와 같은 영적 주제에도 관심을 갖게 된다.

난자 하나, 태아 하나, 성인 한 명 - 이것이 정상이다. 그러나 보카노프스키화(Bokanovskified)된 난자는 발아하고, 증식하고, 분열한다. 8개에서 96개에 이르는 모든 싹이 완벽하게 형성된 태아로 성장하고, 모든 태아는 실물크기의 성인이 된다. 96명의 인간을 이전에는 한 명이 성장했던 장소에서 자라도록 만드는 - 이것이 바로 진보이다. (......)
두 개의 낮은 작업대를 마주보게 하고; 수많은 각 부분들을 실은 운반

장치가 작업대 사이를 헤치며 나아갔다. 47명의 금발 머리가 47명의 갈색 머리와 대면한다. 47개의 들창코와 47개의 매부리코, 47개의 움푹 들어간 턱과 47개의 튀어나온 턱. (......) '오, 멋진 신세계 ......' 야만인은 그의 기억 속 악인에 의해 미란다(Miranda)의 말을 되풀이하며 스스로 깨달았다. '오, 그런 사람들이 있는 멋진 신세계'.(Huxley 3, 107)

다른 한편으로, 최근 수세기 동안 의학적 진보가 인류에 상당한 변화를 일으켰기 때문에 일부 저자들은 인간은 이미 트랜스휴먼이 되었을 것이라고 생각한다.

실행 가능성

사회학자 맥스 더블린(Max Dublin)은 그의 저서 『퓨처 하입(*Future hype: the tyranny of prophecy*)』에서 과거 기술적 진보에 대한 잘못된 예측들을 지적하고, 현대 미래학자들의 예언도 부정확할 것이라고 주장한다. 그는 또한 트랜스휴머니스트가 내걸고 있는 목적을 진척시키는 데에도 일부 사람들이 보여주는 과학만능주의(Scientism)와 광신주의(Fanaticism) 및 허무주의(Nihilism)라고 간주하는 것들을 거부하며 역사적 평행선이 천년 왕국설(Millenarian)*종교와 공산주의 교리 간에 존재한다고 언급한다.

비록 일반적으로 트랜스휴머니즘에 우호적이라 할지라도, 그레고리 스톡(Gregory Stock)*은 레이 커즈와일, 한스 모라벡, 그리고 케빈 워릭이 예측한 사이보그화(cyborgization)의 기술적 실행 가능성과 대중성에는 회의적이다. 그는 21세기 전반에 걸쳐 많은 사람들이 기계 시스템에 깊이 연관되어 있지만, 여전히 생물학적 상태로 남아

있을 것이라고 말한다. 그들 고유의 형태와 특성에 대한 근본적 변화는 사이버웨어(cyberware)로부터가 아닌, 유전적 기질, 신진대사, 생화학의 직접적인 조작으로부터 발생할 것이다.

천년 왕국설

천년 왕국의 '천'은 '천을 포함하는'이란 뜻의 라틴어 'mīllēnārius'에서 비롯된 것으로, 천년 왕국설은 유대·그리스도교 전통에서 유래한 종말론의 한 변형이다. 엄밀한 의미에서, 모든 것이 변화한 뒤 큰 사회적 변혁이 일어날 시기에 종교적·사회적·정치적 집단이나 운동(movement)에 의한 설(說), 즉 세상에 종말이 오기 전, 1000년간 그리스도가 세상을 통치할 시기가 온다는 신념이다. 천년 왕국설은 다양한 문화와 종교에 존재한다(요한계시록 20장 1-6절과 마태복음 24장의 말씀에도 제시). 천년 왕국설이 평화로운 도래를 의미하고 천년의 유토피아와 밀접한 관련이 있다는 것과 비교했을 때, 종말론적인 새로운 종교 운동 연구에서는 점차 이것을 더 격변하고 파괴적인 유토피아 시대의 도래를 언급하는 데에 사용한다.

처음에 인간-기계 결합의 사이보그 비전은 『600만 불의 사나이(*The Six Million Dollar Man*)』에서 『터미네이터(*The Terminator*)』에 이르는 공상과학소설에 등장하는 정도였지만, 현재에는 인공관절(artificial joints), 안경, 심장박동 조절장치(pacemaker), 신체적 결함을 보정해주는 다른 보철 장치의 사용이 증가하는 추세이다. [……]

그러나 이러한 경향은 우리를 기계적·전자적으로 신체 강화된 사이보그 휴머노이드(cyborg humanoid)로 개조시키지 않는다. 더 정확하게는, 기능적 사이보그(functional cyborg) 혹은 '파이보그'[fyborg, 인공지능 이론가 알렉산더 치슬렌코(Alexander Chislenko)가 고안]가 우리를 훨씬 흥미로운 가능성으로 인도하는 것이다. 사이보그화는 기계 부품을 우리의 신체로 합체시키는 것이고, 파이보그화(fyborgization)는 인간과 기계를 신체적이라기보다 기능적으로 융합시키는 것이다. 물론, 우리가 피부 내 피 속으로 기계장치를 통합시킨 이래로 사이보그화는 존재하지만, 내계(internal worlds)와 외계(external worlds) 간에 신체적 경계는 치과용 충전제(dental filings), 인공사지(prosthetic limb), 심장 판막(heart valve), 인공 고관절(artificial hip)을 제외하고는 거의 변화되지 않았다. [......] 청력에 문제가 있는 대다수의 사람들은 사이보그적 인공 귀(cochlear implant)가 아닌, 파이보그적 보청기를 선택한다. 또한 그들은 이식된 기억력 증진제(memory enhancer)가 아닌, 귓가에 사람들의 이름을 상기시켜주는 개인용 정보 단말기(personal digital assistant)를 갖게 될 것이다. 파이보그는 우리를 과학기술이 제공하는 것을 포기할 필요 없이 생물학적 상태로 남아있게 만든다.(Stock 25)

그레고리 스톡
(1949~)

그레고리 스톡은 생물 물리학자, 베스트셀러 작가, 그리고 UCLA 의학대학원에서 '의학, 과학기술, 사회 프로그램(Program on Medicine, Technology and Society)'의 전직 이사를 역임했다. 그의 관심사는 과학적이고 진화론적인 것뿐만 아니라 생명과학과 정보공학 및 컴퓨터에서 오늘날의 변혁에 대한 윤리적·사회적·정치적 관계에 이르기까지 아우른다.

1992년, 철학자 메리 베아트리체 미즐리(Mary Beatrice Midgley)*는 그녀의 저서 『구세주로서의 과학(Science as Salvation)』에서 트랜스휴머니스트의 마인드 업로딩 사상을 그대로 반영한 '물리적 인간 신체의 초월로 불멸성을 성취하는 개념'을 - J. B. S. 홀데인(J. B. S. Haldane)과 그의 몇몇 동인들을 포함한 20세기 초기 남성 과학 사상가 집단으로까지 거슬러 올라가 - 규명한다.

그녀는 이러한 개념을 '유사 과학적 환상과 예언(Quasi-scientific dreams and prophesies)'으로 보고 있다. 이것은 '자기 방임적이고 제어할 수 없는 힘의 판타지(Self-indulgent, uncontrolled power-fantasies)'와 결부된 신체로부터 벗어나는 것을 포함한다. 미즐리의 주장은 그녀가 의사 과학적 추측, 죽음의 공포가 드리워진 사상가들의 비합리적 환상, 문외한에 대한 그들의 경시, 그리고 먼 후일의 종말론적 비전이라고 간주하는 것에 초점을 맞추었다.

메리 베아트리체 미즐리
(1919. 9. 13. ~)

메리 베아트리체 미즐리는 영국의 도덕 철학자(moral philosopher)이자 뉴캐슬 대학(Newcastle University)의 철학 부교수로, 과학, 윤리학, 그리고 동물의 권리에 관한 작품 활동으로 알려져 있다. 『짐승과 인간(Beast And Man, 1978)』 이후로, 『동물들 그리고 왜 그들이 중요한가(Animals and Why They Matter, 1983)』, 『악(Wickedness, 1984)』, 『윤리적 유인원(The Ethical Primate, 1994)』, 『종교적 진화(Evolution as a Religion, 1985)』, 『구세주로서 과학(Science as Salvation, 1992)』.

또 다른 비평은 주로 '유전 수술(Algeny, 연금술과 유전학의 혼성. 생물의 유전적 성질을 인위적으로 바꾸거나, 다른 생물의 유전자를 이식하는 일)'을 겨냥한다. 제레미 리프킨(Jeremy Rifkin)은 유전 수술을 '현존하는 유기체의 향상(the upgrading of existing organisms)'이며, 그것의 수행을 완성할 의도로 제작된 '완전히 새로운 것의 설계(the design of wholly new ones)'라고 정의 내린다. 여기에는 생물학적 복합성(biocomplexity)의 문제와 결과물의 생물학적 진화를 이끄는 예측 불가능한 시도가 강조된다.

생물학자 스튜어트 뉴먼(Stuart Newman)*에 의해 종결된 이 논쟁은 복제와 동물의 생식계열 유전공학(Germ line genetic engineering)이 오류를 일으키기 쉽고, 선천적으로 태아의 발달을 중단시킨다는 인식에 기초한다. 논의된 바에 의하면, 이러한 방식을 태아에 적용하는 것은 감수하기 어려운 위험을 초래한다. 특히나 인간을 진화시키기 위해 영구적인 생물학적 결과를 수반한 실험을 할 때, 인간을 대상으로 한 연구에 허용되는 원칙들을 위반하게 된다. 게다가 한 가지 종에 따른 실험 결과의 향상이 그 이상의 실험 없이는 자동적으로 새로운 종에 전달되는 것이 아니기 때문에 초기 개발 단계에서 인간의 유전자를 조작하는 데에 사실상 윤리적인 방법은 없다는 주장이다.

현재 과학기술은 매우 신뢰할 수 없다. DNA배열을 성공적으로 제거하는 데에는 40%의 변화가, 교환 및 변경하는 데에는 20%의 변화가 있다. 또한 실패할 경우나 혹은 태아에게 예상치 못한 유전자 배열이 적용된다면, 예측할 수 없는 유전자 변형이 발생하여 뜻하지 않은 결과를 낳을 것이다. 예를 들면, 유전공학자가 저지른 실수는 다음 세대에 유전될 것이다. 암의 위험성이 증가하거나 정상적인 신체기능을 저해하는 등, 변형 이후에 지속적인 고통이 발생할 것이다. 그리고 잠재적인 질병, 장애, 돌연변이가 일어날 가능성이 피험자가 노년에 이르기까지 혹은 심지어 미래 세대가 태어날 때까지 나타나지 않을 수도 있다. 아직 전체 인구에 널리 사용되는 것이 허용되지 않는 한, 미리 유전자 변형의 안전성에 통달할 길은 없다.

또한 '맞춤 아기(designer babies, 유전적으로 변형된 태아)'를 향한 부모의 기대가 지나치게 높아질 수도 있다. 현재 과학자가 아이의 유전자를 100% 이해하고 완전히 통제할 때까지 결과를 결정하는 것은 불가능하다. 부모는 그들의 아이가 유전자 변형에 의해 제공되지 않은 새로운 결함을 보여준다면 실망할 수 있다. 결과적으로 유전자공학은 무조건적인 부모의 사랑을 훼손시킬 것이며, 반면 신생아는 그것에 동의할 권한조차 얻지 못할 것이다. [......] 생식계열 유전공학은 생명체 진화 사슬의 본질을 저해하지 않으면서 인종의 유전적 다양성을 감소시킬 수 있다.[70]

그러나 실질적으로 인간 대상 연구에 관한 국제의정서(International protocols)는 트랜스휴머니스트나 다른 사람들이 배종선택 기술(germinal choice technology)로 결과물, 즉 자손을 증진시키려는 시도에 대해 법률상의 문제를 제기하지 않을 수도 있다. 법학자 키르스텐 라베 스몰렌스키(Kirsten Rabe Smolensky)에 따르면, 현행법은 절차상의 불리한 결과로 인해 발생하는 추후 책임으로부터 자식의 유전정보를 강화시키고자 하는 부모를 보호하게 되어있다.

트랜스휴머니스트와 인간 유전공학의 다른 옹호자들은 인간에게 시행한 유전자 변형 실험의 결과에 대해 높은 불확실성이 존재하는 한, 실제적 우려를 무시하지 않는다. 그러나 제임스 휴즈는 초기 발달 단계에서 인간의 유전자 변형을 가능케 하는 한 가지 윤리적 방법을 제안한다. 그것은 바로 인간의 유전자와 그 유전자가 구체적으로 열거하는 단백질, 그리고 유전 암호를 지정하는 조직체 공학(Tissue engineering)의 컴퓨터 모델을 구축하는 것이다.

스튜어트 앨런 뉴먼
(1945. 4. 4.~)

스튜어트 앨런 뉴먼은 뉴욕 의과대학(New York Medical College)의 세포 생물학, 해부학 교수이다. 그의 연구는 3가지 분야의 프로그램에 집중한다: 척추동물사지 발달의 세포 및 분자 기계장치 (cellular and molecular mechanisms of vertebrate limb development), 형태발생의 신체적 기계장치 (physical mechanisms of morphogenesis), 그리고 형태론적 진화의 기계장치(mechanisms of morphological evolution). 또한 그는 생물학적 연구와 과학기술의 사회적·문화적 양상에 관한 글을 썼다: 『발달 중인 태아의 생물 물리학(*Biological Physics of the Developing Embryo*, 2005)』.

생명정보학(bioinformatics)의 기하급수적인 발전과 함께, 휴즈는 인간 신체에 유전 형질이 발현된 실질적 모델이 출현하는 것은 미래의 일이 아니며 실제 인간에게 이 효력을 증명해 보임으로써 유전자 변형에 관한 허가문제 역시 진행될 것을 믿는다. 그레고리 스톡은 현존하는 유전공학 기술보다 더 안전한 대안으로 인공 염색체(Artificial chromosomes)를 제안한다. 급진적 변화를 지지하는 사상가들은 인류 과학기술의 능력치가 기하급수적으로 증가한 과거의 패턴을 지적한다. 커즈와일은 그의 저서 『특이점이 온다』에서 이러한 견해를 발전시키고 있다.

생명공학은 실제로 유전자를 바꿀 수단을 제공할 것이다. 맞춤아기뿐만 아니라 맞춤 베이비붐 세대(designer baby boomer)까지도 실행가능하다. 우리는 또한 피부 세포를 변형시켜 신체 조직과 기관을 다시 젊어지게 할 수 있다. 동맥 경화증(atherosclerosis, 심장 질환의 원인), 악성 종양, 그리고 위험한 질병과 노화의 근원인 신진대사 과정에서, 이미 신약 개발이 중요 단계를 목표로 하고 있다.

유전자 칩(Gene Chips) - 새로운 치료법은 유전자 발현(gene expression)에 관해 성장하는 기본 지식이 우리의 건강에 막대한 영향을 미치는 유일한 방식이다. 1990년대 이래로, 10센트 동전보다 작은 마이크로 어레이(microarrays, 유전자가 들어있는 수천 개의 점이 인쇄된 현미경 슬라이드) 혹은 유전자 칩은 동시에 수천 개의 유전자 발현 패턴을 연구하고 비교하는 데에 사용되어 왔다. 가능한 과학기술의 적용은 매우 다양하고 과학기술의 장벽은 감소하여, 방대한 데이터베이스는 이제 '스스로 하는 유전자 관찰(do it-yourself gene watching)'에 사용된다. 유전자 프로파일링(gene profiling)은 다음의 경우와 같이 사용된다. 암 분류 개선하기(Improve cancer classification): 『사이언스(*Science*)』매거진에 소개된 한 가지 연구는 오로지 "유전자 발현 관찰"로 백혈병(leukemias)을 분류하는 가능성을 증명한다. 또한 저자는 프로파일링이 오진을 정정한 경우를 강조한다.(Kurzweil, 2005)

본질적 비도덕성

트랜스 휴머니스트적인 사상에서 인간은 그들 스스로가 신을 대체하기 위한 시도를 논의해 왔다. 2002년 바티칸 성명서『성찬과 청지기: 신의 형상대로 창조된 인간(*Communion and Stewardship: Human Persons Created in the Image of God*)』은 "인간 하위 존재의 생산을 통해 인간의 유전적 아이덴티티를 변형시키는 것은 근본적으로 비윤리적이며 인간은 자신의 생물학적 성질에 대한 온전한 처분권을 가진다."고 말한다. 또한 성명서는 초인류 혹은 영적으로 우월한 존재의 탄생은 '상상도 할 수 없는 것'이며, 진정한 향상은 오직 종교적 체험과 '신의 형상을 완전히 재현하는 것(realizing more fully the image of God)'을 통해서만 일어날 수 있다고 주장한다.

몇몇 교파의 기독교 신학자와 평신도 운동가들은 트랜스휴머니즘에 반론을 제기하고, 그리스도 교인들이 내세에 급진적 트랜스휴머니즘의 약속, 즉 무한한 생명연장과 고통 없는 세상에 이를 것을 주장해 왔다. 이러한 관점에서 트랜스휴머니즘은 '지상 낙원(heaven on earth)'을 추구하는 유토피아적 움직임의 또 다른 전형이다.

반면 신학자 로널드 콜 터너(Ronald Cole-Turner)와 테드 피터(Ted Peters)처럼 트랜스휴머니스트의 목표와 관련된 종교 사상가들은 '공동 창조(co-creation)'의 원리가 유전공학을 사용하여 인류 생물학을 발전시킬 의무를 부여한다고 주장한다.

다른 비평가들은 마빈 민스키, 한스 모라벡, 그리고 일부 다른 트랜스휴머니스트의 저서를 통해 그들이 인간 신체의 도구적 개념이라고 주장하는 것을 목표로 삼는다. 트랜스휴머니스트 프로그램에 페미니스트의 비평적 경향을 반영하여 철학자이자 신체 연구(body studies)와 같은 현대 문화연구 분야에 큰 기여를 한 작가 수잔 보르도(Susan Bordo)는 그녀의 저서 『참을 수 없는 몸의 무거움: 페미니즘, 서양 문화, 그리고 신체(Unbearable Weight: Feminism, Western Culture, and the Body, 2004)』에서 '날씬함, 젊음, 그리고 신체적 완벽함을 추구하는 현대의 강박관념(contemporary obsessions with slenderness, youth and physical perfection)'을 지적한다.

그녀는 이러한 강박증을 남녀 모두에게 영향을 미치는 것 혹은 '우리의 문화가 조성한 불안감의 논리적 징후이자 판타지(the logical manifestations of anxieties and fantasies fostered by our culture)'로 간주한다. 일부 비평가들은 신체 변형을 겨냥한 다른 사회적 운동의 함의에 이의를 제기한다. 정치 사회학자 클라우스 게르드 기센(Klaus-Gerd Giesen)은 특히 신체를 변화시키는 데 대한 트랜스휴머니즘의 집중적 관심이 비록 논리적이지만, 세분화된 개인주의(atomized individualism)와 소비문화 속 신체의 상품화(commodification) 와 같은 비극적 결과를 가져온다고 주장한다.

닉 보스트롬은 젊음을 되찾고 신체의 자연적 한계를 초월하려는 욕망은 범문화적·범역사적인 것이며 20세기 문화에 국한된 것이 아니라고 응답한다. 그는 트랜스휴머니스트 프로그램이 그러한 욕망을 인간 게놈 프로젝트(Human Genome Project)와 유사한 과학적 프로젝트로 바꾸려는 것이며, 미숙한 판타지 혹은 사회적 추세라기보다 인류의 가장 오랜 희망을 성취하려는 시도라고 주장한다.

인간 정체성의 상실

환경 윤리학자인 빌 맥키번(Bill McKibben) 은 2003년 그의 책『이너프: 조작된 세상에서 인간으로 남기 (*Enough: Staying Human in an Engineered Age*)』에서 트랜스휴머니스트들에 의해 상정되거나 지지되는 많은 기술들에 대해서 상세하게 반대하는 주장을 펼쳤다. 그 기술들에는 생식 세포 선별 기술들과 나노의학, 삶의 확장 전략 등이 포함된다. 그는 가령 노화의 취약성이나 더 이상 연장되지 않는 수명, 신체적 인지적 능력의 생물학적 제한과 같은 '보편적인 인간 한계'를 극복하려는 시도를 위해 인간들의 근본적 측면을 조작하는 것은 도덕적으로 잘못된 것이라고 주장한다. 그러한 조작을 통해서 그들 스스로를 '개선'하려는 시도는, 의미 있는 인간 선택의 경험을 위해 필요한 한계를 제거한다. 그는 그러한 한계들이 기술적으로 극복된 세상에서는 인간의 삶이 더 이상 의미 없다고 주장한다. 명확한 치료목적을 위해 생식세포 선별 기술을 사용하는 것조차도 분명히 인지능력과 같은 것들을 방해하려는 유혹을 야기할 것이기 때문에 포기되어야 한다. 그는 중국의 '명' 왕조나 일본의 '도쿠가와' 막부, 그리고 현대의 보수적인 프로테스탄트 교회의 교파로서 소박한 삶과 꾸미지 않은 드레스, 그리고 많은 현대 기술의 편리함을 거부하는 것으로 유명한 '아미쉬(Amish)'파 등을 예로 들어 사회가 특정 기술들을 포기함으로써 이득을 얻는 것이 가능하다고 주장한다.71)

여기에 맥키번의 중국에 관한 사례가 있다. 1405년에서 1430년 사이에, 중국 제독인 '정화'는 세계에서 가장 컸던 함대로 적어도 7개의 주요 원정을 성공시켰다. 이 '보물수송선단'은 300개의 거대한 배들로 이루어졌으며 거의 30,000명의 병력으로 이루어져 있었다. 정화의 선단은 자바, 수마트라 섬, 베트남, 샴, 캄보디아, 필리핀, 실론, 방글라데시, 인도, 예멘, 아라비아, 소말리아를 방문했다. 맥키번은 이 위대한 보물수송선단을 태우고 항해와 관련된 기록을 모두 소멸시킨 중국의 황제를 칭찬한다. 그 이상의 모험을 막기 위해서, 이 황제들은 두 개 이상의 돛을 단 배를 만드는 중죄를 만들었다. 그래서 맥키번이 찬성한 선언은 "위대한 사람은 전도유망한 기술에 등을 돌렸다."이다. 그가 덧붙여서, "중국인들은 서양의 허둥지둥한 활력을 넘어서, 그들 스스로의 의미의 정의를 선택했다. - 전통 안에 있는 진보 -" …… 다음, 맥키번은 일본의 도쿠가와 막부를 '매우 진보된 봉건 사회'라고 설명했다. 그는 2세기 동안 총기류를 금지한 것을 칭찬했다. 왜? 왜냐하면 "사무라이는 단순히 총은 잔인하다고 느꼈으며 어떤 농민도 그것을 사용할 수 있다고 느꼈기 때문이다."라고 맥키번은 설명한다. (Bailey, Ronald. "Enough Already")

생물정치학 활동가인 제레미 리프킨(Jeremy Rifkin)과 생물학자 스튜어트 뉴먼(Stuart Newman)은 생명기술이 유기체의 정체성에 엄청난 변화를 일으킬 힘을 가진다는 것을 인정한다. 그들은 인간과 인공물 사이의 경계가 없어지는 것이 두렵기에 인간의 유전공학에 반대한다.72)73) 철학자인 키코 리(Keekok Lee)는 그러한 발전들은 기술이 '자연스러운 것'을 '인공적인 것'으로 바꾼 현대화의 가속화 추세의 일부로 본다.74) 극단적으로 이것은 인간 복제물(human clones)과 인간-동물 키메라(human- animal chimeras) 또는 바이오로이드(bioroids)와 같은 '괴물'의 제조와 노예화로 이어질 수 있다. 그러나 사회와 생태계로부터 인간과 비인간 존재의 미세한 전위

▲ 1993년 발표된 『블레이드 러너*Blade Runner*』는 인간의 형상을 한 로봇인 안드로이드를 둘러 싼 철학적 고찰을 잘 표현해 내었다.

(轉位)는 문제가 되는 것으로 간주된다. 1982년 개봉한 『블레이드 러너(*Blade Runner*)』와 1976년 발표된 소설 『브라질에서 온 소년들(*The Boys From Brazil*)』과 1896년 발표된 『모로 박사의 섬(*The Island of Doctor Moreu*)』은 그러한 시나리오의 요소들을 그리고 있지만, 매리 셸리(Mary Shelley)의 1818년 발표된 소설인 『프랑켄슈타인 (*Frankenstein*)』은 생명공학이 인간 이하의 존재와 마찬가지로 사물

화 되거나 사회적으로 부도덕한 사람들을 창조해 낼 수 있다고 주장하는 비평가들에 의해 가장 자주 언급된다. 그런 비평들은 앞선 작가들이 그린 비인간화의 가능성이 발생하지 않도록 인간 유전공학에 대한 국제적 금지 등의 엄격한 조치가 취해질 것을 제안한다.[75]

트랜스휴머니즘의 지지자이며, 이탈리아 의회의 멤버로 선출되기도 한 기우세페 바티노(Giuseppe Vatinno)는 비록 트랜스휴머니즘이 우리를 덜 인간적이게 만들지라도 거기에는 긍정적, 부정적 결과 두 가지 모두가 존재한다고 믿는다. 그는 트랜스휴머니즘이 사람들에게 '극단적 기후나 질병과 같은 자연의 변덕이 덜 문제시 되도록' 만들 것이라 믿는다.[76]

베일리와 인간 생물학의 기술적 변화를 지지하는 사람들은 만약 인간의 한계가 극도로 강화된 기술로 극복이 된다면 삶이 무의미해질 것이라는 주장을 거부한다.

트랜스휴머니스트들과 과학 저널리스트인 로널드 베일리(Ronald Bailey)* 와 같은 인간 생물학의 기술적 변화를 지지하는 사람들은, 만약 어떤 인간의 한계가 극도로 강화된 기술로 극복이 된다면 삶이 무의미해질 것이라는 주장을 거부한다. 그들은 이러한 기술들이 여전히 인간이 직면한 개인적 사회적 도전들의 태반을 제거하지 못할 것이라고 주장한다. 그들은 엄청난 능력을 가진 한 개인이 더

▲ 미국 오하이오 주에 거주하는 아미쉬의 모습. 그들은 여전히 말과 마차를 통해 이동한다.

진보적이게 어려운 프로젝트들과 씨름하여 뛰어난 성과를 얻기 위한 투쟁에서 계속적으로 의미를 찾을 것을 제안한다. 베일리는 또한 맥키번의 역사적 사례들에는 결함이 있으며 좀 더 면밀히 연구했을 때 다른 결과를 도출한다고 주장했다.[77] 예를 들어 그는 새로운 기술들을 수용하는 것에 대해서 아미쉬보다 더 신중한 그룹들은 거의 없지만, 비록 그들이 텔레비전을 거부하고 말과 마차들을 이용할지라도 일부는 근친교배로 인해 다수의 희귀한 유전적 질병으로 고통 받은 이후에 유전자 치료의 가능성을 환영하고 있다는 점을 지적한다.[78]

> 아미쉬의 동기부여는 이해하기 쉽다. 스위스와 독일의 재침례교도 선조들이 미국에 도착한 이래 지난 3세기 동안, 근친교배는 그들을 다수의 희귀 질병으로 괴롭혀 왔다. 유전자 치료는 아미쉬 부모에게 잠재적인 치료들을 제공하며, 어느 부모든지 (치료의) 기회를 잡도록 해준다.
> (Stock, Gregory. *Redesigning Humans: Choosing our Genes, Changing our Future.* 39-40)

로널드 베일리
(1953. 11. 23.~)

미국의 자유주의적 과학 저널리스트인 로널드 베일리는 그의 책 『자유 생물학(*Liberation Biology*)』에서 그 스스로를 자유주의적 트랜스휴머니스트라 불렀다. 그는 과학 분야 저널리스트로서 수많은 기사들을 기고하였다. 2006년에는 『자연 생명공학(*Nature Biotechnology*)』지의 편집자들이 선정한 '지난 10년 동안 생명공학 분야에 가장 공헌을 한 인물' 후보에 선정되기도 하였다.

사회 경제적 효과

(1) 유전적 격차

일부 자유주의 트랜스휴머니즘 비평가들은 부유층과 빈곤층 사이의 격차가 심해지는 사회경제학적 결과에 초점을 맞추고 있다. 예를 들어서 빌 맥키번은 인간 강화 기술들은 불균형적으로 더 많은 재정적 자원을 가지고 있는 사람들에게만 허용될 것이기 때문에 부유층과 빈곤층 사이의 격차를 악화시킬 것이며 '유전적 격차'를 만들어 낼 것이라고 말한다.[79] 심지어 생식 프로세스를 변경하거나 통제하기 위해 사용되는 유전학 기술을 뜻하는 '리프로제네틱스(reprogenetics)'라는 용어를 만들어내고 그 유전학 기술의 적용을 지지하는 과학 저술가이자 생물학자인 리 실버(Lee M. Silver)조차도, 만약 사회의 민주적 개혁들이 인간 강화 기술들만큼 발전되지 않는다면, 앞서 언급된 다양한 과학적 방법들이 유전적으로 조작된 결과물을 '가진 자'와 '가지지 않은 자'의 2단계로 나누어진 사회를 만들어 낼 것에 대한 우려를 표현해 왔다.[80] 1997년 개봉된 『가타카(*Gattaca*)』는 한 개인의 사회적 계급이 온전히 유전적 변형에 의해 결정되는 디스토피아적 사회를 묘사하고 있다. 이 영화는 종종 이러한 관점을 옹호하는 비평가들에 의해 인용되고 있다.[81]

앞선 비평들은 또한, 비자유주의(non-libertarian) 트랜스휴머니스트 지지자들에 의해 나타난다. 특히 스스로를 민주주의적 트랜스휴머니스트라고 부르는 그들은 현재 혹은 미래 사회와 환경적 이슈(예를 들어 자원 고갈이나 실업 문제 등 자연, 사회적 환경 모두를 뜻한다)들의 대부분은 정치적, 기술적 해법의 조합으로 해결되어야 한다고 믿고 있다.(최저임금 보장이나 대안 과학기술 등이 그 것이다.) 그래서 인간 강화 기술들에 대한 불평등한 접근 때문에 일어나는 '유전적 격차의 출현'이라는 구체적인 문제에서, 생명윤리학자인 제임스 휴즈(James Hughes)는 2004년 그의 책 『시티즌 사이보그(*Citizen Cyborg: Why*

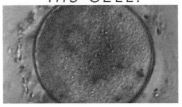

▲ 영화 속 주인공과 그의 세포를 병렬적으로 위치해 놓은 모습이 인상적인 『가타카*Gattaca* (1997)』 영화 포스터

Democratic Societies Must Respond to the Redesigned Human of the Future)』에서 기술 진보(tecno-progressives)들은 가능한 유전적 격차를 약화시키기 위하여 금지되어지기보다, 반드시 대중적 정책(즉 일반적인 보건 무료 시스템은 인간 강화 기술들을 포함하여 보장하여야 한다)과 같이 시행되어야 하고 대중적 정책과 연계되어야 한다고 말한다. 또한 그는 인간 강화 기술들을 금지시키는 것은 오히려 이러한 기술들을 위험하게 만들거나 금지법이 강요되지 않은 국가나 지역적 암시장에서 부유한 사람들에게만 이 기술들이 적용 가능한 형태로 남게 되어 문제들을 더 악화시킬 수 있다고 주장한다.[82]

(2) 민주주의와 도덕성에 대한 위협

앞서 언급한 다양한 논의들은 인간 강화 기술을 채택한 사회가 1932년 올더스 헉슬리(Aldous Huxley)에 의해 발표된 소설『멋진 신세계(*Brave New World*)』속 디스토피아적 세상과 닮을 것이라는 예측을 하도록 만들어 왔다.

> 그 '멋진 신세계'는 번영과 공동체적 삶, 안정, 높은 전 인류의 만족을 얻었으나 결과적으로, 사람의 형상을 했으나 인간성을 저해하는 생명체들이 사는 사회가 되어버린다. 그들은 소비하고, 간통하고, '소마(몸체)'를 가지고 '센트리휴갈 버블-퍼피[83]'를 즐기고 모든 것을 가능하게 하는 기계류를 작동시킨다. 그들은 읽거나 쓰거나 생각하거나 사랑하거나 혹은 그들 스스로를 다스릴 수 없다. 예술과 과학, 덕과 종교, 가족과 친구들은 모두 간과된다. 가장 중요한 것은 육체의 건강과 즉각적인 만족이다. '네가 오늘 즐길 수 있는 것을 절대 내일로 미루지 마라.' 멋진 신세계는 그 스스로 무엇을 잃었는지 지각하지 못할 정도로 굉장히 비인간적이다. 내가 다소 과장했을지라도, 진실의 방향 속에서 우리들은 그야말로 인간 출산이 인간으로 남도록 할 것인지, 우리들이 아이들의 아버지가 되기보다 그들을 주문 생산할 것인지, 신세계 지옥의 비인간화로 이끄는 길에서 '예스'라고 말하기를 바랄 것인지를 결정하기를 강요한다.(Kass, Leon 2)

때때로 레온 카스(Leon Kass)*의 글 속에서 나타나는 것과 같이, '공포'라는 것은 문명사회의 기본적인 것으로 판단되는 다양한 제도와 관습들이 파괴되거나 손상 받을지도 모를 때 생겨난다.[84] 정치 경제학자이자 철학자인 프랜시스 후쿠야마(Francis Fukuyama)는 2002년 발표한 그의 책『인류 이후의 우리 미래(*Our Posthuman Future*)』와 2004년『포린 폴리시(*Foreign Policy*)』잡지에 기고한 기

사에서 '트랜스휴머니즘'을 세상에서 가장 위험한 발상으로 지명했다. 왜냐하면 그는 인간성의 근본적인 변화를 통해 (아마도) 민주주의의 평등주의 이상, 특히 자유민주주의의 평등주의적 이념을 훼손할 수 있다고 생각하기 때문이다.[85) 사회 철학자인 위르겐 하버마스(Jurgen Habermas)는 2003년 그의 책『인간 본성의 미래(*The Future of Human Nature*)』에서 이와 비슷한 논의를 하였다. 그는 도덕적 자주성은 다른 이들에 의해 일방적으로 강요된, 일종의 설계 명세서의 주체가 되지 않는 것에 달려있다고 주장한다. 그래서 하버마스는 인간 '종의 윤리'가 배아 단계(evbryo-state)의 유전적 개조로 인해 약화될 것이라고 시사했다.[86)

레온 카스와 후쿠야마 같은 비평가들과 그 외 많은 작가들은 인간 생명 작용을 개조하려는 상당한 시도들이 본질적으로 부도덕할 뿐만 아니라 사회 질서에 위협이 된다고 간주하고 있다. 그렇지 않으면, 그러한 기술들의 이행이 사회적 계급화의 '자연화(당연함으로 여겨지는 것)' 혹은 전체주의 정권의 손안에 새로운 통제수단을 제공할 것이라고 주장한다. 인공지능 개척자인 조셉 와이젠바움(Joseph Weizenbaum)은 그가 그의 동료들 일부, 특히 마빈 민스기와 한스 모라벡의 생각과 말에서 인간 유기체 그 자체를 평가 절하함으로써 사람을 싫어하는 경향을 보이는 것을 비판했으며 또한 그것들이 분열을 초래하고 비민주적인 사회정책을 가능하게 하는 담론들을 촉진하는 것을 비판했다.[87)

레온 카스는 인간복제와 생명연
장 및 안락사를 반대하는 미국
의사이자 과학자, 교육자, 공무
원이다. 2001년에서 2005년까지
미국 정부의 생명윤리위원회 의
장으로 재임하였다. 이 때 그는
생명의학 혁신으로 인한 모든 의학적 윤리적 파급 효과를 고려
하여 줄기세포 연구를 감독하고 적절한 가이드라인과 규정을 권
고하는 의무를 부여받았다. 특히 2002년에는 '대통령의 철학자'
라는 이름으로 미디어의 주목을 받았다.
그는 종종 생명윤리학자라고 불리지만 그 스스로는 이 단어를
사용하길 꺼려하며 '나는 구식 휴머니스트입니다. 휴머니스트는
단지 윤리적인 면뿐만 아니라 인간 삶의 모든 영역에 넓게 관심
을 가지며 염려하는 사람입니다.'라고 말한다.

2004년 리버테리언(libertarian 자유의지론) 월간 잡지 『리즌(*Reason*)』
에서 과학 저널리스트인 로널드 베일리는 "정치적 평등은 결코 인간
생명 작용에 의존하지 않는다."고 주장함으로써 후쿠야마의 주장과
논쟁했다. 그가 주장하기를 자유주의는 인간 존재의 법적으로 시행
되는 평등, 혹은 법적으로는 시행되지 않더라도 사실상의 평등 문제
위에 설립된 것이 아니고, 법의 문제 전에 정치적 권리안의 평등권
주장이나 법에 따른 평등권 주장 위에 설립된 것이다. 베일리는 유
전공학의 산물들인 한때 소수가 누렸던 특권을 많은 사람들에게 제

공하도록 함으로써, 아마 인간 불평등을 악화하기보다 잘 개선해 갈 것이라 주장한다. 게다가 그가 주장하기를 "계몽주의의 최대 성과는 관용의 원칙이다." 사실 그가 말하기를, 정치적 자유주의는 자유주의 사회법이 이미 인간이 얼마나 부유한지 혹은 가난한지 간에, 혹은 권력이 있든지 없든지, 학식이 있든지 무식하든지, 강화했든지 안했든지 간에 모두에게 평등하게 적용되는 것을 뜻하기 때문에 인간과 포스트 휴먼 권리문제에 대한 해결책이 될 수 있다고 말한다.[88]

> 계몽주의의 최고의 성과는 인내의 원리, 즉 우리들과 다르게 보이는 사람들과 다르게 이야기하는 사람들, 다르게 숭배하는 사람들, 다르게 사는 사람들을 받아들이는 원리이다. 미래에는 우리들의 자손들이 아마 모두 자연적인 호모 사피엔스는 아닐 것이다. 하지만 그들은 여전히 그들의 행동에 대해 책임 있는 도덕적 존재들일 것이다. 오늘날 다양한 인류에게 적용되는 자유민주주의 정치와 도덕적 원리가 미래 인간과 포스트휴먼 사이의 관계에도 적용되지 않을 것이라고 생각할 이유가 없다. (Bailey, Ronald. "Transhumanism: the most dangerous idea?". *Reason*.)

작가이자 철학자 러셀 블랙포드(Russell Blackford)와 같이 트랜스휴머니스트들의 사상에 동조하는 다른 사상가들은 전통적 가치들의 호소에 반대하며 그들이 기우(杞憂)라 생각하는 것들, 예를 들어 앞서 언급했던 『멋진 신세계(Brave New World)』와 같은 종류의 논의들을 포함한 디스토피아적 생각들이 호소에 반대한다.[89]

강압적 우생주의의 공포

일부 트랜스휴머니즘 비평가들은 전통적인 우생학(eugenics), 사회진화론자(Social Darwinist), 과거의 지배인종(Master race) 이념과 계략을 유전적 강화 기술(Eugenic enhancement technology)의 촉진이 조장하는 경고로 간주한다. 일부는 미래의 '우생학 전쟁(Eugenics wars)'을 최악의 시나리오로 간주하고 이를 두려워한다. 이를테면, 유전적 결함을 가진 사람들의 강제 피임(Compulsory sterilization), 제도화된 살인(killing of the institutionalized), 그리고 열등한 것으로 판단되는 '인종'을 향한 차별과 대량학살 등과 같이, 정부가 주관하여 유전적 차등(genetic discrimination)과 인권침해가 발생하는 상황이 바로 그것이다.

> 미국의 33개주는 지난 20세기 초반 우생학에 근거해 유전적으로 열등한 아동의 출산을 막는다는 이유로 간질환자, 지적장애인 등에 대한 강제 불임수술을 승인한 단종법(sterilization law)을 제정했다. 노스캐롤라이나 주의 경우, 정부는 지난 1929년부터 1974년까지 7천600여 명(대부분 흑인을 비롯한 소수계 여성)을 대상으로 강제로 불임수술을 거행했다. 이 외에도 1935년, 독일에서는 유대인과의 결혼 및 혼외 성관계를 금지하는 뉘른베르크 법(Nuremberg Laws)이 제정된 바 있다.[90]

건강학 교수 조지 안나(George Annas)와 과학기술학 교수 로리 앤드류(Lori Andrews)는 과학기술의 사용이 이러한 인간-포스트휴먼 계급 전쟁(human-posthuman caste warfare)을 야기할 것이라는 입장을 지지한다.

우생학 운동이 추구한 우월 인종은 단지 키가 크고, 강하고, 재능 있는 사람들만 차지한 것이 아니다. 우생학자들은 금발에 푸른 눈을 가진 백색 인종의 유형을 필요로 한다. 그들은 이 집단만이 지구상에서 후손에게 유전시키기에 적합하다고 믿는다. 그 과정에서 우생학 운동은 다음과 같은 사람들 - 해방된 흑인 노예, 이주한 아시안 노동자, 인디언, 히스패닉, 동유럽인, 유대인, 머리가 짙은 색의 산골 거주자, 가난한 사람들, 허약한 사람들, 그리고 미국의 인종학자가 작성한 고급화된 유전자 라인에서 제외된 계층의 그 누구라도 - 을 제외시킬 의도를 지니고 있었다. 어떻게? 소위 결점이 있는 가계도를 확인하고 그들의 혈통을 몰살시키려는 이 엄청난 계획은 일생 동안의 인종차별과 단종(살균)프로그램을 통해, 문자 그대로 허약하고 열등하다고 간주되는 사람들, 이른바 부적당한 사람들의 생식능력을 아예 쓸어버리는 것이다. 우생학자는 그들을 제외하고 아무도 남지 않을 때까지, 단번에 인구 10%의 생존능력을 무력화시키길 희망한다.(Black, 2003)

주요 트랜스휴머니스트 단체는 그러한 정책과 관련된 위압을 힐난하고 인종적·계급적 차별주의자들의 가설을 거부하고 나선다. 이 가설은 우생학적 증강이 '선택적 인간 육종(育種)'을 통해 실질적으로 성공할 수 있다는 의사 과학적 개념을 따른다. 대신에 대부분의 트랜스휴머니스트 사상가들은 평등주의적 자유주의 우생학(Egalitarian liberal eugenics)의 한 형태인 '신(新)우생학(New eugenics)'을 옹호한다.

유전학의 21세기 새로운 모델, 신우생학은 소비자 우생학(consumer eugenics), 자유주의 우생학(liberal eugenics)으로도 알려져 있으며, 생명윤리학자 니콜라스 아가(Nicholas Agar)가 고안했다. 이는 생식 및 유전적 과학기술의 사용을 옹호하는 하나의 이데올로기이다.[91] 인간의 특성과 능력을 강화시키는 (종의)선택은 부모의 개인적 선호도에 의지하는데, 여기에서 부모는 정부의 공공보건정책보다는 일종의 소비자로서 행동한다. 신우생학은 부모에게 태내의 아이의 바람직한 특성을 선택하게 만드는 '긍정적인 우생학(positive eugenics)' 범주에 속한다.[92]

주장된 바에 의하면, 신우생학은 심각한 장애를 일으키는 유전자를 검사하고, 아이가 훨씬 바람직한 신체적·정신적 특성을 갖도록 설계하는 유전적 변형을 지지한다.[93] 따라서 신우생학은 '바람직하지 않은' 형질을 제거하는 선별 검사와 유전적 변형을 통해 미래 세대의 유전자형을 '향상'시키는 것을 목표로 한다. 2000년경부터, 비평이론은 정부의 역할을 최소화할 의도로, 신우생학을 '자유 의지론적 우생학' 이라고 명명하길 희망한다.[94]

비(非)트랜스휴머니스트이자 생명윤리학자, 앨런 뷰캐넌(Allen Buchanan), 댄 브록(Dan Brock), 노만 다니엘스(Norman Daniels), 다니엘 위클러(Daniel Wikler)는 그들의 저서 『우연에서 선택까지: 유전학과 정의(*From Chance to Choice: Genetics and Justice* 2000)』에서 다음과 같이 주장한다. "자유주의 사회는 가능한 한 널리 유전적 강화 기술의 채택을 장려할 의무가 있다. 그러한 정책이 개인의 생식권(reproductive rights, 성이나 생식에 관한 자기 결정권)을 침해하거나 이러한 과학기술을 사용할 장래의 부모에게 지나친 압력을 행사하지 않는 한, 이는 공중 보건을 최대한 증진시키고 선천적인 유전 자질과 유전적 강화가 야기할 불균형을 최소화할 것이다." 그럼에도 불구하고, 유사한 견해를 가진 대부분의 트랜스휴머니스트들은 20세기 초반의 신뢰를 잃은 우생학 운동의 이론과 실행으로 자신들의 입장이 혼동되는 것을 피하기 위해, '우생학'이라는 용어를 사용하지 않는 대신 '생식세포선별' 혹은 '유전학 기술'이라는 명명을 선호한다.

실존적 위험성

15대 영국 왕실 천문학자(astronomer royal)이자 천체물리학자 로
얄 마틴 리스(Royal Martin Rees)는 그의 저서 『우리의 마지막 시간:
어느 과학자의 경고(*Our Final Hour: A Scientist's Warning*, 2003)』에
서 첨단 과학기술이 진보의 기회만큼이나 재앙에 가까운 위험을 제
공할 것이라 주장한다. 그러나 그는 과학의 활발한 움직임이 중단되
는 것을 바라지 않는다. 대신에 리스는 보다 엄격한 보안과 '전통적
인 과학적 개방성(traditional scientific openness)'의 종결을 요구한다.
또한 그는 앞서 언급한 저서에서 다음의 두 가지 결과 중 하나가 인
류에게 필연적이라고 예측 한다.

> 그 두 가지 결과는 다음과 같다: 새로운 과학기술(예: 미세공학)의 폭주
> 로 인한 영향 혹은 통제되지 않은 과학 연구의 결과로 인간이 멸종하게
> 되는 것, 그리고 테러리스트나 근본주의적 폭력, 생물권의 붕괴 등과
> 같은 이러한 문제들을 최소한 예방하고 극복함으로써 전 우주를 통틀
> 어 인류의 확장이 가능하게 되는 것.

> 인간 멸종을 막기 위해 리스는 전 세계로 미치는 과학 연구의 통제권과
> 그러한 연구의 자유로운 접근에 대한 통제권을 옹호한다. 1990년대 그
> 는 옴 진리교(Aum Shinrikyo, 지하철 가스 테러를 일으킨 일본의 신흥
> 종교단체)의 에볼라 바이러스(Ebola virus) 샘플 획득 시도가 실패로 돌
> 아갔으나, 그들이 인터넷을 통해 성분과 사용법을 알게 되어 제조에 성
> 공했음을 언급한다. 리스는 오랫동안 무장해제 캠페인에 적극적으로 임
> 했다. 비록 그가 핵전쟁을 가능성이 적은 멸종의 원인으로 간주하였지
> 만, 그는 과학기술의 통제만큼이나 군비 관리를 지지한다.(Arnall, 2003)

다수의 환경 운동가들처럼 사전예방 원칙(precautionary principle)* 옹호자들은 잠재적 위험성이 있는 분야가 중단되고, 비록 시간은 걸리지만 주의 깊은 진보가 이루어지길 선호한다. 일부 사전예방주의자들(precautionists)은 인공지능과 로봇공학이 인류의 삶을 위협하는 또 다른 형태의 인지 가능성을 제시할 것으로 본다.95)

트랜스휴머니스트들은 잠재적 위험성을 감소시키기 위해 최근 생성된 과학기술에 대한 구체적인 제약을 배제하지 않는다. 그러나 그들은 사전예방 원칙에 기초한 제안들이 비현실적이며 심지어 비생산적이라고 반박한다. 이는 테크노 가이안의 트랜스휴머니즘 성향과는 대조적이다. 과학역사가 제임스 버크(James Burke)는 텔레비전 시리즈물 <커넥션(Connections)>*에서 예방책과 자유탐구의 제한을 포함한 과학기술 변화에 대하여 여러 관점들을 분석한다. 버크는 이러한 견해 중 일부 실질적 측면에 관한 이의를 제기한다. 그러나 그는 연구 개발의 현상(Status quo)을 유지하는 것이 혼란스러운 변화 속도와 지구의 자원고갈과 같은 자체적 위험성을 내포하는 것이라고 결론짓는다. 일반적으로 트랜스휴머니스트의 입장은 반(反)과학적인 관점과 과학기술 공포증(technophobia)으로 간주되는 것을 받아들이기보다 사회가 안전하고 결점이 없는 대체 기술의 이익을 조기에 확보하기 위해 계획적으로 행동하기에 실용적이다.

사전예방 원칙

사전예방 원칙은 환경피해의 원인을 파악하고 대책을 마련함으로써 원인의 사전제거를 통하여 환경오염 및 이로 인한 피해가 일어나지 않도록 대처해야 한다는 것을 말한다. 그리고 일반적으로 불확실하다고 간주되는 문제, 이를테면 위험관리(risk management) 평가에 적용된 데 대한 구체적 행동을 수반한다.

사전예방 원칙의 주요 토대 중 하나이자 전 세계적으로 수용되는 정의는 리우 회의(Earth Summit, 1992)의 결과이기도 하다. 리우 선언에 포함된 조항(15조)은 다음과 같다. "환경을 보호하기 위해 사전 예방적 접근은 각국의 수용능력에 의해 널리 적용되어야 할 것이다. 심각하거나 돌이킬 수 없는 피해에 대한 위협이 있는 경우, 충분한 과학적 확실성의 결여가 환경 파괴를 막기 위해 비용 효율이 높은 조치를 지연시키는 이유로 사용되어서는 안 된다."

이 원칙은 정책 입안자가 그 문제에 대한 과학적 지식이 부족할 때 어떠한 결정을 내리는 것에 위험성이 있다고 판단되는 상황에서 임의적 결정을 정당화하는 데에 사용된다. 또한 과학 연구가 그럴 듯한 위험성을 발견했을 때, 위해의 노출로부터 대중을 보호할 사회적 책임이 있다는 것을 의미한다. 이러한 보호는 아무런 위해도 생기지 않을 것이라는 음성 증거를 통해 보다 진전된 과학적 발견이 나타나는 경우에만 완화될 수 있다.

커넥션

<커넥션>은 제임스 버크가 창안, 집필 및 소개한 다큐멘터리 TV 시리즈물이다. 총 10개의 에피소드로 구성되어 있으며 이를 토대로 한 저서 『커넥션(Connections, 1978)』이 있다. 시리즈물은 BBC 방송의 믹 잭슨(Mick Jackson)이 제작 및 감독하였으며 1978년에 영국, 1979년에 미국에서 첫 방영되어 뜨거운 반응을 얻은 바 있다. 이것은 과학과 발명의 역사에 대한 상호 학문적 접근이자 얼마나 다양한 발견과 과학적 성취가 이루어졌는지에 대해 증명한다. 그리고 역사적 세계사가 현대 과학기술의 특정 양상을 야기할 상호 연결된 방식으로 형성되었다. 시리즈물은 버크의 힘차고 열정적 프레젠테이션과 역사적 재상영, 복잡한 작업 모형으로 주목받는다.

▲ 제임스 버크

닉 보스트롬은 유례없는 전 지구적 재난사가 발생하는 것을 차단하면서 기술적 진보에 의해 촉진된 근본적 맬서스주의자(Malthusian)*와 진화론적 세력이 인간 사회의 긍정적 양상을 제거한다고 주장한다. 잠재적 위험에 대응하기 위해 보스트롬이 제안한 한 가지 트랜스휴머니스트적 해결책은 차별적인 기술 개발, 즉 기술이 개발되는 순서에 영향을 미치는 일련의 시도들에 대해 통제권을 갖는 것이다. 이러한 접근법에서 기획자는 해로운 결과로부터 보호 장벽을 쳐줄 만한 유익한 과학기술의 발달은 가속화시키는 한편, 해가 될 만한 기술과 그것의 적용 속도는 늦추려고 노력할 것이다.

맬서스주의

맬서스주의(Malthusianism)란, 인구 증가는 잠재적으로 기하급수적인 반면, 식량 공급의 증대는 기껏해야 산술급수적인 현상을 의미하는 이론이다. 이것은 영국의 경제학자 토마스 로버트 맬서스(Thomas Robert Malthus)의 정치 경제적 사상에서 유래한 용어로, 그의 저서 『인구론(*An Essay on the Principle of Population*, 1789)』에 등장한다. 그는 모든 시공간에서 인구 성장을 식량 공급의 성장과 더불어 규칙적으로 통제하는 데에 2가지 유형의 '방책(checks)'이 있다고 본다. 하나는 도덕적 제한 - 금욕, 재정이 안정될 때까지 결혼 연기 - 과 풍족하지 못하거나 정신적 결함이 있는 것으로 판단되는 사람들에 한해서 결혼을 금지하는 것과 같은 예방적 억제(preventive checks)이다. 다른 하나는 시기상조의 죽음: 흔히 맬서스주의적 재앙이라 불리는 질병이나 기아, 전쟁과 같은 '적극적 억제(positive checks)'를 말한다. 이 대재앙은 인구수를 낮추어 '유지할 수 있는' 수준으로 복귀시킨다. 맬서스주의는 다양한 정치적·사회적 운동과 관련되지만, 거의 항상 인구 통제를 옹호하는 입장으로 언급된다.

PART

02

포스트휴머니즘
POSTHUMANISM

1. 포스트휴먼 개념

포스트휴먼(posthuman) 또는 후기-인간(post-human)은 과학소설, 미래학, 현대 예술 및 철학 분야에서 나타난 개념으로 문자 그대로 인간이 됨을 넘어선 상태에서 존재하는 사람 혹은 실체를 의미한다. 이 개념은 윤리와 정의, 언어와 트랜스-종(trans-species)을 초월한 소통, 사회체계와 학제 간 연구의 지적 열망들에 대한 물음을 제기한다. 포스트휴

포스트휴먼 연구에 관한 저널

머니즘은 인간의 나노 생명 기술적 강화를 추구하는 트랜스휴머니즘과 혼동되어서는 안 된다. 물질성의 초월을 바라는 것으로서의

'포스트휴먼'의 좁은 정의와 '포스트휴먼' 개념은 포스트휴머니즘과 트랜스휴머니즘에서 나왔지만 각각의 전통 안에서 특별한 의미를 지닌다. 2017년 펜실베니아 주립대학교 출판부(Penn State University Press)는 스테판 로렌즈 소그너(Stefan Lorenz Sorgner)[96]와 사회학자인 제임스 휴즈(James Hughes)[97]와 협력하여 포스트휴먼의 모든 측면을 분석할 수 있는 「포스트휴먼 연구에 관한 저널(*Journal of Posthuman Studies*)」을 창간했다.

비평 이론에서 포스트휴먼은 인간을 재현하거나 재구성하기를 추구하는 추론적 존재이다. 포스트휴먼은 포스트휴머니즘의 포스트휴머니스트 비평의 대상으로, 비판적으로 휴머니즘에 대해 질문한다. 휴머니즘은 휴머니스트 철학의 한 갈래이며, 인간의 본성이 인간 존재가 출현하기 위한 보편적인 상태라고 주장한다. 또한 인간 본성은 자율적이고 합리적이며 자유 의지를 지닌 존재의 정점으로서 그 자체로서 통일된다. 따라서 포스트휴먼의 위치는 자기 자신 안에서의 불완전성과 불일치를 인식하고, 객관적인 관찰에 있어서 지적인 엄격함과 헌신을 유지하고자 노력하며, 이질적 관점을 통해 세상을 이해한다. 이러한 포스트휴먼의 실천 핵심은 유동적으로 관점을 바꾸고 다른 정체성들을 통해 스스로를 나타낼 수 있는 능력이다. 포스트휴먼의 주제를 다루는 비판적 이론가들은 포스트휴먼은 고정된 존재론이 아닌 계속적으로 생성중인 존재론이라고 말한다. 다른 말로 하자면, 포스트휴먼은 개인으로 정의되는 특정한 사람이 아니라 다양한 정체성들이 될 수 있거나 그것들을 포함할 수 있는 복합적이고 이질적 관점에서 세상을 이해할 수 있는 인간이다.

스테판 로렌즈 소그너
(Stefan Lorenz Sorgner: 1973~)

독일 출생. 메타휴머니스트 철학자. 로마 존 카봇 대학교(John Cabot University)에서 철학을 가르치고 있으며, 현재 이화여자대학교 인문학 관련 이화 인스티튜트의 협력 연구자이다.

신기술 분야의 권위자로 대표저서로는 『진실없는 형이상학: 니체의 철학 안에서 일관성의 중요성(Methaphysics Without Truth: On the Importance of Consistency Within Nietzsche's Philosophy)』이 있다.

프란체스카 페르란도, '휴먼, 사이보그, 포스트휴먼'
at TEDxSiliconAlley (출처: Youtube)

철학자인 프란체스카 페르란도(Francesca Ferrando)[98]는 "그러한 포괄성은 방법론 내부에 반영되어야 하고, 포스트휴머니스트적 방법론은 배타적 사고의 전통에 의해서 지탱되어서는 안 되며, 헤게모니적 또는 저항적인 본질주의자적 묘사에 빠지지 않아야 한다."라고 말한다. 또한 페르란도는 '포스트휴먼(Posthuman)'에 대해 그녀의 저널에서 아래와 같이 서술했다.

'포스트휴먼(Posthuman)'은 철학적, 문화적, 비판적 포스트휴머니즘, 트랜스휴머니즘(생명 무한 확장론, 자유주의적, 민주적 트랜스휴머니즘의 변형 안에서), 새로운 물질주의의 페미니즘적 접근 방식, 안티휴머니즘, 메타휴머니즘, 메타휴머니티, 포스트휴머니티의 이질적 환경 등을 포함한 다양한 종류의 움직임들과 사상의 학파를 의미하는 포괄적인 용어가 되었다. 이러한 용어의 포괄적인 사용은 전문가와 비전문가 사이의 방법론적이고 이론적인 혼란을 야기했다.[99]

프란체스카 페르란도
(Francesca Ferrando)

뉴욕 대학교(New York University) 교수. 이탈리아 로마 트레 대학교(University of Roma Tre)에서 철학 박사 학위를 받았다.

논문 제목:『포스트휴먼: 철학적 포스트 휴머니즘과 그것의 타자들(The Posthuman: Philosophical Posthumanism and Its Others)』

뉴욕 포스트휴먼 연구 그룹(NY Posthuman Research Group)과 포스트휴먼들(Posthumans)의 프로젝트(www.posthumans.org)를 만든 사람들 중 한 명이다.

2012년 테드 톡스(Ted talks)에서 처음으로 '포스트휴먼'에 대한 주제로 강연을 했다. 케빈 워릭(Kevin Warwick)과 사이보그 이론(Cyborg Theory)에 관해 연구 중이다.

(출처: https://www.researchgate.net/profile/Francesca_Ferrando)

2. 포스트휴머니즘의 유형들

프란체스카 페르란도(Francesca Ferrando)는 포스트휴머니즘(posthumanism) 혹은 후기-휴머니즘(post-humanism)에 대해 '휴머니즘 이후(after humanism)' 혹은 '휴머니즘을 넘어선(beyond humanism)'이라는 의미로서 최소 7가지의 정의가 있는 용어라고 말한다.

7가지 정의

(1) **안티휴머니즘 (Antihumanism)**: 전통적인 휴머니즘과 인간 및 인간 조건에 대한 전통적인 관념들에 대한 비판적인 이론이다.

(2) **문화적 포스트휴머니즘 (Cultural posthumanism)**: 휴머니즘과 그것의 유산의 기본적 가설에 대해 비판하는 비평이론의 한 유파로서, '인간(human)' 및 '인간 본성(human nature)'의 역사

적 개념에 대해 조사하고 의문을 제기한다. 인간 주체성과 신체화(embodiment)라는 전형적 개념에 도전하면서 '인간 본성(human nature)'의 구시대적 개념을 초월하고자 추구함으로써 우리 시대의 '기술 과학 지식(technoscientific knowledge)'에 부단히 적응하고자 하는 개념들을 개발한다.

(3) **철학적 포스트휴머니즘 (Philosophical posthumanism):** 문화적 포스트휴머니즘에서 유래된 철학적 방향으로서 이 철학적 시각은 인간 종(human species)을 초월하여 도덕적 관심의 범위를 확장하는 것과 주체성을 연장하는 것의 윤리적 함의들을 조사한다.

(4) **포스트휴먼의 조건 (Posthuman condition):** 비판적 이론가들에 의한 인간 조건의 해체.

(5) **트랜스휴머니즘 (Transhumanism):** '포스트휴먼 미래(posthuman future)'를 이루기 위해 인간의 지적, 신체적, 정신적 능력을 크게 향상시키고 노화를 제거할 수 있는 기술들을 발전시키고 가능하게 하려는 이념과 운동이다.

(6) **인공지능의 대체 (AI takeover):** 트랜스휴머니즘에 대한 좀 더 비판적 대안은 인류는 진보하지 않을 것이고 결국 '인공지능(artificial intelligence)'이 인간을 대신할 것이라고 본다는 데에 있다. 이에 닉 랜드(Nick Land)[100]를 포함한 일부 철학자들은 인류는 그들의 최후 종말을 수용하고 받아들이게 될 것이라는 견해를 고취시켰다.

(7) **자발적인 인간 멸종 (Voluntary Human Extinction):** '포스트휴
먼 미래(posthuman future)'로서 이 경우는 인간이 존재하지
않는 미래이다.

철학적 포스트 휴머니즘

철학자 테드 스카츠키 (Ted Schatzki)[101]는 철학적 유형으로 포스
트휴머니즘은 두 가지 종류가 있다고 주장한다.

첫째, 그가 명시한 '객관주의(objectivism)'는 휴머니즘에 만연한
주관적인 혹은 상호주관적인 것의 지나친 중시를 반박하려고 노력
한다. 또한 동물, 식물 혹은 컴퓨터 외 다른 것들, 즉 인간이 아닌 것
들의 역할을 강조한다.

둘째, 흔히 말하는 개인을 구성하는 개체들 혹은 개인별 주체들보
다 관행을 중시하는데 특히 사회적 관행을 우선시한다.

테드 스카츠키
(Ted Schatzki)

켄터키 대학교 지리학 및 철학 교수. 하버드에서 응용수학을 전공하고, UC 버클리에서 철학 박사 학위를 받았다.

대표적 저서로는 『사회적 관행들(Social Practices)』, 『더 사이트 오브 소셜(The Site of the Social)』, 『마르틴 하이데거: 스페이스의 이론가(Martin Heidegger: Theorist of Space)』, 『더 타임스페이스 오브 휴먼 액티비티(The Timespace of Human Activity)』가 있다.

(출처: https://philosophy.as.uky.edu/users/schatzki)

이것에 더해 철학자 헤르만 도예베르트(Herman Dooyeweerd)[102]가 제시한 세 번째 종류의 포스트휴머니즘이 있을 수 있다. 그는 비록 '포스트휴머니즘(posthumanism)' 이라고 명시하지는 않았지만 광범위하고 예리하게 휴머니즘에 대해 강하게 비판했다. 그리고 휴머니스트적 사상이나 스콜라 철학[103] 사상, 또는 그리스적 사상을 전제하지 않고, 다른 '종교적 근본 동인(Religious Ground Motive)'[104]으로 시작된 철학을 구축했다. 도예베르트는 법과 의미를 우선시 했는데, 의미는 '인간(humanity)'과 그 밖의 모든 것들이 존재하고, 행동하고, 살아가며 나타날 수 있도록 한다. 또한 그는 "의미는 창조된 모든 것들의 존재, 그리고 심지어 우리 자아의 본성(Meaning is the being of all that has been created, and the nature of our selfhood)"이라고 서술했다. 인간과 인간이 아닌 것, 둘 다 수많은 뚜렷한 '법 영역들(law-spheres)'[105], 혹은 양상들로 구성된 다양한 '법칙 면(law-side)'[106]에 종속된 채 동일한 기능을 한다. 이러한 인간과 비인간의 시간적 존재는 다중 양상적(multi-aspectual)이다. 예를 들면, 식물과 사람은 생명적 측면에서 기능하는 몸이고, 컴퓨터와 인간은 둘 다 형식적, 언어적 측면에서 기능하지만, 인간은 심미적, 법률적, 윤리적, 종교적인 측면들 또한 가진다. 이에 도예베르트적 사고는 객관주의자들의 관점과 실천적 측면을 통합할 수 있도록 한다. 왜냐하면, 그의 철학은 인간이 아닌 것들 자체가 다양한 측면에서 주체적 기능을 하는 것을 인정하고, 기능적 측면을 강조하기 때문이다.

헤르만 도예베르트
(Herman Dooyeweerd: 1894~1977)

(출처: www.allofliferedeemed.co.uk/
dooyeweerd.htm)

네덜란드 출생. 철학자로 기독교 철학의 이념 개발에 전념하였고 1932년에서 1936년 걸쳐 『우주 개념 철학』을 저술하였다. 도예베르트는 서양 문화의 원천적인 뿌리를 드러낼 뿐만 아니라 기독교적 관점에서 현대의 세속화된 문화를 개혁하고 대안을 제시하기 위해 종교적 기본 동인 사상을 발전시켰다. 그는 종교적 기본 동인으로 서양철학 및 문화 전반에 대해 선험적 비판을 시도했다.

그는 다음과 같은 세 단계로 구분될 수 있는 자신의 고유한 기독교 철학적 체계를 개발했다. 그의 첫 번째 주저인 『법이념 철학(De Wijsbegeerte der Wetsidee)』에 진술된 이론적 사고의 종교적 뿌리 발견, 두 번째로 『이론적 사고의 신 비판(A New Critique of Theoretical Thought)』에서 형성된 이론적 사고의 선험적 비판, 그리고 마지막으로 『철학에 있어서의 개혁과 스콜라주의(Reformatie en Scholastiek in de Wijsbegeerte)』와 『갱신 및 반성: 개혁주의 근본 동인에 관하여(Vernieuwing en Bezinning: om het reformatorisch grondmotief)』에 요약된 서양의 사상 및 문화에 나타난 종교적 근본 동인이다.

(출처: 한동 신문사 http://hgupress.tistory.com/3503)

철학적 포스트휴머니즘의 출현

인문학자인 이합 핫산(Ihab Hassan)[107]은 그의 글에서 다음과 같이 진술했다.

휴머니즘은 그것이 불가피하게 포스트휴머니즘이라고 지칭되는 것으로 변형됨으로써 끝나고 있는 것일지도 모른다. (Humanism may be coming to an end as humanism transforms itself into something one must helplessly call posthumanism)[108]

이러한 견해는 다소 다양하지만 보완적인 생각과 실천 영역에서 20세기 후반에 걸쳐 발전된 포스트휴머니즘의 대부분의 흐름에 선행한다. 예를 들면, 핫산은 이론적 저작들을 통해 사회에서의 포스트모더니티(postmodernity)를 명시적으로 언급하는 것으로 잘 알려진 학자이다. 포스트모더니즘의 연구를 넘어서는 포스트휴머니즘은 다양한 문화 이론가들에 의해 개발되어 왔으며, 종종 인본주의와 계몽주의 사상에서 문제가 있는 고유한 가설들에 대한 반응으로 전개되었다.

핫산을 보완하면서 대조적 입장을 가지는 이론가는 미셸 푸코(Michel Foucault), 주디스 버틀러(Judith Butler), 그레고리 베이트슨(Gregory Bateson), 캐리 울프(Cary Wolfe), 캐서린 해일즈(N. Katherine Hayles), 도나 해러웨이(Donna Haraway), 더글라스 켈러(Douglas Kellner) 등이 있다. 이론가들 중에는 로버트 페페렐(Robert Pepperell)[109]과 같은 철학자들이 있다. 이들은 '포스트휴먼의 조건(Posthuman condition)'에 관한 글을 썼는데, 이 용어는 종종 '포스트휴머니즘(posthumanism)'이라는 용어를 대신 할 수 있다.

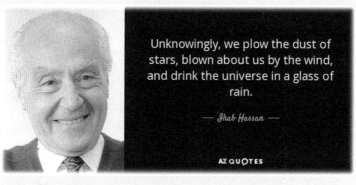

이합 핫산
(Ihab Hassan: 1925~2015)

이집트 출생. 인문학자이자 포스트모더니즘의 주요 선전가로 본인의 포스트모더니즘에 관한 글을 모아 『포스트모더니즘: 이합 핫산의 문화 및 문학이론』을 출간했다.

Unknowingly, we plow the dust of
stars, blown about us by the wind,
and drink the universe in a glass of
rain.

— Ihab Hassan —

AZ QUOTES

(출처: http://www.azquotes.com/author/28684-Ihab_Hassan)

포스트휴머니즘은 인류를 많은 자연적 종(species)의 하나로 되돌려 놓음으로써 고전적 휴머니즘과는 다르다. 따라서 인간중심적 우위에 기반한 어떠한 주장도 거부한다. 이러한 주장에 따르면, 인간은 선천적으로(a priori)[110] 윤리적 고려 사항에서 자연을 파괴하거나 그 위에 스스로를 두도록 하는 고유한 권리가 없다. 또한 인간의 지식은 이전에 보이던 세상의 정의적 측면으로서 통제를 덜 받는 위치로 축소되었다. 이에 더해 인간의 권리는 동물의 권리와 포스트휴먼의 권리와 함께 하는 스펙트럼에 존재한다. 비록 휴머니즘의 합리적인 전통을 포기할 것을 암시하지는 않지만, 인간 지능의 한계와 오류의 가능성은 인정한다.

로버트 페페럴
(Robert Pepperell: 1963~)

영국출생. 아티스트 겸 작가. 영국 카디프 메트로폴리탄 아트 앤 디자인 스쿨(Cardiff Metropolitan School of Art and Design) 순수 미술학과 (Fine Arts) 교수. 예술, 과학, 철학에 관한 관념을 통해 인간 의식과 경험, 인간이 무엇인가를 이해하고자 한다. 특히 그림을 통해 인간 의식의 본성을 탐구하고자 한다.

대표저서로는 『포스트휴먼의 조건(The posthuman condition)』, 『포스트디지털의 막(The postdigital membrane)』 등이 있다. 그의 사이트에서 수채화, 유화, 파스텔화 및 아이패드 페인팅(Ipad paintings) 등을 통해 인간 의식과 관련된 다양한 예술 작품들을 감상할 수 있다.

(출처: http://robertpepperell.com)

포스트휴먼 담론을 지지하는 사람들은 데카르트(Decartes)[111]가 제시한 것처럼, 계몽주의 철학과 관련된 다른 것들 중에서 혁신적인 진보와 신흥 기술들이 인간의 전통적인 모델을 초월했다고 주장했다. 휴머니즘과는 대조적으로 포스트휴머니즘의 담론은 인간에 대한 현대의 철학적 이해를 둘러싼 경계를 재정의 하고자 한다. 포스트휴머니즘은 동시대의 사회적 경계를 넘어선 생각의 진화를 의미하고, 포스트모던의 맥락 안에서 진리를 추구하는 것을 전제로 한다. 그렇게 함으로써 인간중심적 가설들에 젖어있는 '인류학적 보편성(anthropological universals)'을 확립하려고 한 이전 시도들을 거부한다.

르네 데카르트
(Rene Decartes: 1596~1650)

프랑스 철학자. 수학자이자 과학자. 근대 서양철학의 아버지라고 불리며, 합리적이고 과학적인 자연관을 가지고 정신세계를 강조하였다.

I think
therefore I am

(출처: https://medium.freecodecamp.org)

철학자 미셸 푸코(Michel Foucault)[112]는 포스트휴머니즘을 계몽주의 사유와 휴머니즘을 구별하는 맥락 속에 두었다. 그에 따르면, 휴머니즘이 규범을 수립하려고 할 때, 휴머니즘적 사상에 의해 만들어진 경계들을 포함하면서 물질적인 모든 것을 초월하려고 시도하는 계몽주의 사상과 휴머니즘, 이 둘의 긴장감이 존재한다고 본다. 포스트휴머니즘은 휴머니즘의 경계에 대한 계몽주의의 도전에 맞서 인간의 교리(인류학적, 정치적, 과학적)에 대한 다양한 가설들을 거부하고 인간으로서 의미에 관한 생각의 본질을 변화시키려는 다음 단계로 나아간다. 이것은 여러 가지 담론들(진화론적, 생태학적, 기술적) 안에서 인간을 편향시킬 뿐만 아니라 본질적 인간성, 인간중심적 및 인간성에 대한 규범적 개념과 인간 개념을 밝히기 위해서 그러한 담론들을 살펴볼 것을 요구한다.

미셸 푸코
(Michel Foucault: 1926~1984)

프랑스 출생. 철학자, 사회 이론가이자 문학 비평가로 주로 권력과 지식의 관계를 다루었다. 그는 후기 구조주의자 또는 포스트모더니스트라고 종종 인용되었지만, 이를 거부하며 자신의 생각을 근대성의 비평적인 역사로 제시하고자 했다.

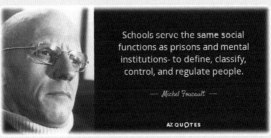

Schools serve the same social functions as prisons and mental institutions- to define, classify, control, and regulate people.

— Michel Foucault —

AZ QUOTES

(출처: http://www.azquotes.com/quote/1200517)

3. 포스트휴머니즘 담론

포스트휴먼 현재

포스트휴먼 담론은 현재의 문화적, 역사적 맥락에 비추어 인간이 무엇을 의미 하는지를 살펴보고 '인간(the human)'의 개념에 대해 비판적으로 의문을 제기하기 위한 공간을 열어주는 것을 목표로 한다.

캐서린 헤일즈 (Katherine Hayles)[113]의 책 『우리는 어떻게 포스트휴먼이 되었는가(*How We Became Posthuman*)』에서, 그녀는 포스트휴먼이 지능형 기

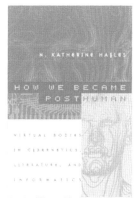

우리는 어떻게
포스트휴먼이 되었는가

계들과 지속적으로 함께 진화하기 때문에 파생되는 포스트휴먼의 다른 버전들 사이의 갈등에 대하여 서술한다.

포스트휴먼 담론의 일부 가설에 따르면, 이러한 공동 진화는 실제 경험에 대한 주관적 이해를 신체화 된 존재의 경계를 넘어 확장시킬 수 있게 한다. 종종 기술적 포스트휴머니즘으로 불리는 포스트휴먼에 대한 헤일즈의 관점에 따르면, 시각적 지각과 디지털 재현은 결국 역설적으로 더욱 두드러지게 된다. 이는 심지어 지각된 경계를 해체함으로써 지식을 확장하려고 추구할 때조차도 지식 획득을 가능하게 만드는 것은 바로 이 동일한 경계들이다. 따라서 현대 사회에서 기술을 사용하는 것은 이러한 관계를 복잡하게 만드는 것으로 여겨진다.

헤일즈는 한스 모라벡(Hans Moravec)[114]이 제시한 것처럼 인체를 정보로 변환하는 것에 대해 논의하는데, 이는 현재 구체화된 현실의 경계가 어떻게 손상되었는지와 인간성(humanness)에 대한 좁은 정의가 더 이상 적용되지 않는다는 것을 밝히기 위함이다. 이러한 이유로 헤일즈에 따르면 포스트휴머니즘은 신체적 경계들에 기반한 주체성의 상실에 의해 특징지어 진다. 변화하는 주체성 개념과 인간이라는 것이 무엇을 의미하는지에 관한 아이디어의 붕괴를 포함하는 포스트휴머니즘의 시각은 종종 도나 해러웨이(Donna Haraway)[115]의 사이보그(cyborg)[116]의 개념과 관련이 있다. 그러나 해러웨이는 포스트휴먼 담론에서 거리를 유지해 왔는데 그 이유는 다른 이론가들이 생물학적 능력을 확장시키기 위한 기술 혁신의 유토피아적인 견해를 촉진하기 위해 포스트휴머니즘이라는 용어를 사용하기 때문이다. 어쩌면 이러한 개념들이 트랜스휴머니즘(Transhumanism)의 영역에 더 적합하게 적용될 지도 모른다.

도나 해러웨이 (Donna Haraway: 1944~)

미국 출생. 과학기술 분야 전문가. 미국 캘리포니아 대학 (University of California, Santa Cruz) 명예 교수. 과학과 페미니즘에 대한 수많은 저서와 에세이를 썼다. 대표저서: 『사이보그 선언 : 과학, 테크놀로지, 사회주의 - 페미니즘 20 세기 후반(1985)』

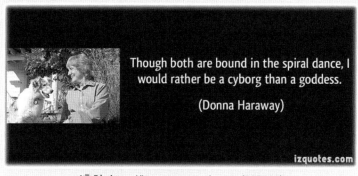

Though both are bound in the spiral dance, I would rather be a cyborg than a goddess.

(Donna Haraway)

izquotes.com

(출처: http://izquotes.com/quote/392102)

사이보그(cyborg): 사이버네틱스(Cybernetics)와 오가니즘(Organism)의 합성어. 이 용어는 1960년 맨프레드 클라인즈(Manfred Clynes)와 네이든 클라인(Nathan Kline)의 『사이보그와 우주(Cyborgs and Space)』에서 사용되었다.

'포스트휴먼'은 해러웨이가 쓴 '사이보그 선언서(A Cyborg Manifesto)'의 '사이보그'와 대략적으로 동의어로 간주된다. 해러웨이의 사이보그 개념은 인간과 로봇 사이의 두드러진 경계에 의문을 제기하는 전통적 수사를 뒤집는, 사이보그의 전통적인 개념에 대한 아이러니한 표현이다. 그녀의 사이보그 이론이 비판적 이론에 있어서 논쟁의 주요한 사안으로 나타날 것이기 때문에 해러웨이의 사이보그는 여러 측면에서 볼 때 포스트휴먼의 '베타(Beta)' 버전이다. 해러웨이에 이어, 헤일즈의 연구는 많은 비판적 포스트휴먼의 담론을 기초로 하면서, 마음과 몸을 분리시키고, 몸을 마음을 위한 '껍데기(shell)' 또는 '수단(vehicle)'으로 묘사하는 자유주의적 휴머니즘(liberal humanism)이 인체에 대한 정보기술의 의구심 때문에 20세기 후반과 21세기에 점점 복잡해진다고 주장한다. 헤일즈는 '탈신체화 된(disembodied)' 것으로 정보를 이해하면서 우리가 정보기술 발전에 대해 인지해야 한다고 주장한다. 이러한 관점에 따르면 정보는 '탈신체화 된' 것으로, 즉 인간 신체를 근본적으로 대체할 수는 없지만 그 속으로 그리고 인간 생명 실천들 속으로 편입 가능한 어떤 것으로 통합될 수 있다.

포스트휴머니즘은 광범위하고 복합적인 이데올로기이지만, 현재와 미래를 위해 관련된 함의가 있다. 이는 내재적으로 인간적 또는

**케서린 헤일즈
(Katherine Hayles: 1943~)**

미국 출생. 포스트모던 문학 및 사회 비평가. 듀크 대학(Duke University) 교수로 문학 및 과학 분야, 전자 문학과 미국 문학에 많은 기여를 했다. 2012년에는 『우리는 어떻게 생각하는가(How we think)』를 출간하였다.

(출처: http://nkhayles.com)

생물학적 기원이 없는 사회적 구조들을 재정의 하려고 시도하는데 의식과 의사소통이 잠재적으로 독특한 탈신체화 된 실체들로 존재하는 사회적, 심리학적 체계의 견지에서 시도한다. 그에 따라 인간 존재를 형성하는 데 있어 기술의 현재적 사용과 미래와 관련된 질문들이 나오는데 이는 언어, 상징주의, 주체성, 현상학, 윤리, 정의 및 창의성과 관련해 새로운 우려가 제기되는 것과 같다.

포스트휴먼 미래

'포스트휴먼'은 반드시 인간이 지구에서 멸종하거나 존재하지 않는 추측된 미래를 의미하지는 않는다. 각각 서로 구별되는 다른 종(species)들과 마찬가지로, 인간과 포스트휴먼도 지속적으로 존재할 수 있다. 그러나 종말론적 시나리오는 적어도 현재의 상태에 있는 인류와 관련해서 인간 혐오자들로 여겨 질 수도 있는 한스 모라벡(Hans Moravec)과 같은 소수의 트랜스휴머니스트들 사이에서 공유되는 관점으로 보인다. 그렇지 않으면, 다른 사람들은, 예를 들면 케빈 워릭 (Kevin Warwick)[117]과 같은 이들은 인간과 포스트휴먼이 계속 존재할 것이지만 그들의 능력으로 인해 포스트휴먼이 인간보다 사회에서 지배적일 것이라는 가능성에 대해 주장한다.

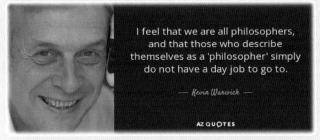
포스트휴먼 신

포스트휴먼의 주체에 대한 변형은 '포스트휴먼 신(posthuman god)'이라는 개념이다. 이것은 인간 본성의 매개 변수에 더 이상 국한되지 않는 포스트휴먼이 오늘날의 인간 표준에 의해 신처럼(god-like) 보일 수 있기 때문에 육체적으로나 정신적으로 아주 강력하게 성장할지도 모른다는 생각이다. 이 개념은 충분히 진보된 종(species)보다 더 높은 존재의 차원(plane)으로 오를 수도 있다는, 일부 과학소설에서 묘사된 개념과 관련이 있는 것으로 해석되어서는 안 된다. 그것이 뜻하는 바는 단지 일부 포스트휴먼이라는 존재들이 너무나 지능적이고 기술적으로 정교하게 될지도 모르기 때문에 그들의 행위가 현대 인간들의 제한된 이성과 판단력에 의해 이해될 수 없다는 의미이다.

4. 트랜스휴머니즘과의 관계

포스트휴머니즘은 간혹 '트랜스휴머니즘(transhumanism)'으로 알려진 문화적, 철학적 운동의 동의어로 사용된다. 왜냐하면 포스트휴머니즘은 인간능력을 확대하기 위한 기술의 적용을 통해 달성된 '포스트휴먼 미래(posthuman future)'로의 전이를 제안하기 때문이다.

반면, 제임스 휴즈(James Hughes)는 포스트휴머니즘과 트랜스휴머니즘 용어 사이에 상당한 혼란이 있음을 언급한다. 유전학, 신경과학 및 인공지능의 과학적 진보는 전통적인 인간 개념의 종말을 의미한다. 이러한 휴머니즘의 위기를 다루는 가장 활발한 움직임은 포스트휴머니즘과 트랜스휴머니즘이다. 포스트휴머니즘은 인간이라는 것이 무엇을 의미하는지 다시 생각하지만, 트랜스휴머니즘은 인간의 강화를 적극적으로 촉진한다. 두 접근법 모두 기술 시대의 포스트휴먼의 조건을 언급한다.

제임스 휴즈
(James Hughes: 1961~)

미국 출생. 사회학자. 윤리 및 신흥 기술 연구소의 전무 이사. 트리니티 대학(Trinity College)에서 보건 정책(health policy)을 가르치고 있다.

(출처: wikipedia)

　선도적인 편집자들은 최근 수년간 트랜스휴머니즘과 포스트휴머니즘에 대한 상당한 학술적 및 대중적 관심을 인식하는 간결하고 잘 구조화 된 서론으로 책을 시작한다. 하지만 이 두 가지 용어를 둘러싼 지속적이면서 명백하게 광범위한 개념적 혼란을 똑같이 인정한다. 여기서 제시된 두 개념의 초기 스케치는 트랜스휴머니즘을 테크노-낙관주의(techno-optimist) 사상의 '다소 일관된(more or less coherent)' 집합으로 특징짓는 반면, 포스트휴머니즘은 휴머니즘의 원칙적 붕괴로 구분된 '매우 모호한 개념(highly ambiguous notion)'으로 본다.

5. 포스트휴머니즘과 신체화

인도의 저자 프라모드 나야르(Pramod K. Nayar)[118]는 그의 저서
인 『포스트휴머니즘(*Posthumanism*)』에서 대중적 포스트휴머니즘과
비판적 포스트휴머니즘에 대해 다음과 같이 서술했다.

대중적 포스트휴머니즘

대중적인 포스트휴머니즘은 인간을 단지 다른 변인으로 보지 않
는다. 이것은 인간의 주요한 속성들 - 감각, 정서, 합리성을 유지한
다. 그러나 기술 개입을 통해서 이러한 특성들이 향상될 수 있다고
믿는다. 이것이 함축하는 바는 인간에 대한 전통적인 견해들이 대중
적 포스트휴머니즘에 존속된다는 것이다. 그것은 다만 인간 강화를
추구한다. 인간의 천성적이고 본질적인 자질들에 대한 이러한 믿음

에 대해 비판적 포스트휴머니즘은 인간이 어떻게 합성된 혼합물인지, 인간 자질과 특성들이 어떻게 다른 생명체들과 공존하는지를 입증함으로써 논박한다.

비판적 포스트휴머니즘

포스트휴머니즘의 두 번째 갈래는 비판적 포스트휴머니즘이라고 할 수 있다. 이러한 포스트휴머니스트 사고의 갈래는 맥닐(McNeil)이 말한 '인간 예외주의(human exceptionalism)'[119]와 '인간 도구주의(human instrumentalism)'[120]를 거부한다. 이 갈래는 전통적인 휴머니즘에 좀 더 비판적이다.

(i) 인간은 공동 진화로서 동물과 다른 생명체와 함께 생태계, 생명 과정, 유전 물질을 공유한다.

(ii) 기술은 인간 정체성의 단순한 보충물(prosthesis)이 아니라 내재(integral)된다.

비판적 포스트휴머니즘은 기계와 유기적 몸, 그리고 인간과 다른 생명 형태들이 현재 이음매 없이 연결되고, 상호 의존적이며 공동 진화하는 방법들에 대해 수의를 기울인다. 이것은 휴머니스트와 트랜스휴머니스트의 이성과 합리성 중심을 비판하며(사이버펑크 픽션과 영화에 지속적으로 연결되는 탈신체화의 환상과 함께), 생명에 대해 좀 더 포괄적이며 윤리적인 이해를 제공한다. 인간 형태를 극복하고자 하는 트랜스휴머니스트들과는 달리, 비판적 포스트휴머니즘은 신체화(embodiment)를 없애려고 하지 않는다. 비판적 포스트휴머니즘은 신체화를 어떤 유기적 시스템(인체가 그런 시스템)이 존재하는 환경(세계는 우리의 감각들을 통해 지각하는 것)의 구축에 필수적인 것으로 본다. 하지만 이러한 신체화는 '내장된 신체화(embedded embodiment)'인데 그 안에서 인간의 몸은 식물, 동물, 기계로 구성된 환경 안에 설정된다.

프라모드 나야르
(Pramod K. Nayar: 1970~)

인도 출생. 인도 하이데라바드 대학교(University of Hyderabad) 영어학과에서 강의 중으로 최근 저서로는 『인도의 그래픽 소설: 민족, 역사와 비평(The Indian Graphic Novel: Nation, History and Critique)』이 있고, 인권 및 문학에 관한 책들을 저술했다.

(출처: www.socialsciencespace.com)

6. 포스트휴머니즘 비판

일부 비평가들은 트랜스휴머니즘을 포함한 모든 형태의 포스트휴머니즘은 그들 각각의 지지자들이 인식하는 것보다 더 많은 공통점이 있다고 주장한다. 이러한 다른 접근 방식들과 연계하여 폴 제임스 (Paul James)[121]는 "핵심적인 정치적 문제는 사실상 그 위치가 인간이라는 존재의 한 범주가 역사라는 욕조의 마개 구멍으로 흘러가 버리도록 한다는 것이다(the key political problem is that, in effect, the position allows the human as a category of being to flow down the plughole of history)."라고 주장하며 다음과 같이 서술한다.

이것은 존재론적으로 중요하다. '포스트모더니즘'이라는 명칭의 '포스트'는 단지 모더니즘의 지배 권력이 사라진다는 것을 뜻할 뿐, 그 이전의 '인간'이라는 것의 의미가 끝난 것이라는 것을 유추하지는 않는다. 하지만 포스트휴머니스트들이 하는 심각한 게임에서는 모든 존재론적 다양성 안에 있는 인간을 사라지게 하는데, 우리에 관한 특정하지 않은 무엇인가를 개인과 공동체들의 잡다한 공통장소에 남겨둔다는 명목이다. 만일 '포스트(post)'가 '이후(after)'를 의미한다면, 예를 들어 휴머니스트들보다 훨씬

폴 제임스
(출처: https://westernsydney.
academia.edu/PaulJames)

이전에 인간 역사를 통틀어 자연을 지배하지 않는 많은 일반 사람들에게 어떤 일이 일어나는지, 또한 물질을 생명 유지로서, 생명의 힘을 복합적인 것으로서 다루는 것에 있어서는 어떤 일이 일어날지 의문이다.122)

그러나 인문학과 예술 분야의 일부 포스트휴머니스트들은 폴 제임스의 예리한 비판에 정면으로 맞서 부분적으로는 트랜스휴머니즘에 대해 비판적이다. 왜냐하면 그들은 계몽적 휴머니즘과 고전적 자유주의, 즉 과학주의적 가치의 많은 부분을 트랜스휴머니즘이 통합하고 확장한다고 주장하기 때문이다. 이에 퍼포먼스 철학자 샤넌 벨(Shannon Bell)123)은 다음과 같이 말한다.

애타주의, 상호주의, 휴머니즘은 자유주의적 자본주의(liberal capitalism)124)를 뒷받침하는 부드러운 덕목이다. 하지만 휴머니즘은 항상 착취에 관한 담론 안으로 통합되어 왔다. 예를 들면, 식민주의, 제국주의, 신제국주의, 민주주의, 그리고 물론 미국의 민주화가 그렇다. 트랜스휴

머니즘의 심각한 결함 중 하나는 자유주의적 인간 가치 (liberal-human value)를 인간의 생명 공학적 향상에 투입시킨 것이다. 이에 포스트휴머니즘은 자신과 타인들, 본질, 의식, 지성, 이성, 행위 주체, 친밀감, 생명, 신체화, 정체성과 몸에 대한 새로운 이해를 발전시키려고 시도하는 제정을 통해 법령으로써 훨씬 더 강한 비판적 시각을 가진다.

샤넌 벨
(출처: http://www.yorku.ca/shanbell/)

많은 현대 사상의 지도자들은 포스트휴머니즘에 의해 묘사된 이데올로기의 성격을 받아들이는 반면, 일부는 포스트휴머니즘 용어에 좀 더 회의적이다. 예를 들면, 『사이보그 선언서(A Cyborg Manifesto)』의 저자인 도나 해러웨이(Donna Haraway)는 포스트휴머니즘과의 철학적 제휴를 인정하지만, 용어는 솔직하게 거절했다. 그 대신에 해러웨이는 '인간들(humans)'이 공존하는 '비인간 실체들(nonhuman entities)'을 지칭하는 용어로 '동반자 종(companion species)'이라는 것을 선택한다.

일부 사람들은 인종(race) 관련 질문들이 포스트휴머니즘으로의 '전환(turn)' 속에서 의심스럽게 생략된다고 주장한다. '포스트(post)'와 '인간(human)'이라는 용어가 이미 인종적 의미를 지니고 있다는 점에서, 프란츠 파농(Frantz Fanon), 호텐스 스필러(Hortense Spillers), 프레드 모텐(Fred Moten)을 포함하여 비평가 자키아 아이만 잭슨

(Zakiyyah Iman Jackson)은 포스트휴머니즘 안에 인간을 '넘어서(beyond)' 움직이는 충동은 아주 종종 '흑인들에 의해 생산된 인간성 실천과 비판(praxes of humanity and critiques produced by black people)'을 무시한다고 주장한다. 그러한 '넘어서(beyond)'라는 양식 안에서 이해하는 것을 쉽고 실행 가능하게 만드는 개념적 토대에 대해 의문을 제기하면서, 잭슨은 "흑인성이 비인간적 붕괴와 분열을 조건화하고 구성한다(blackness conditions and constitutes the very nonhuman disruption and/or disruption)는 것을 관찰하는 것이 중요하다."라고 주장한다. 다른 말로 하자면, 일반적으로는 인종이라는 문제와 특수하게는 흑인종이라는 문제는 인간과 비인간의 구별을 만드는 그 용어를 구성한다는 점에서, 예를 들면 과학적 인종 차별주의의 지속적인 유산을 유지하는 속에서, '넘어서(beyond)'를 향한 몸짓은 사실상 오랫동안 도전받아 온 '유럽 중심주의적 초월주의(Eurocentric transcendentalism)'로 우리를 복귀시킨다.

자키아 아이만 잭슨
(Zakiyyah Iman Jackson)

미국 남부 캘리포니아 대학교(University of Southern California) 교수이자 비평가. 관련 저널은 Outer Worlds: The Persistence of Race in "Movement Beyond the Human"

(출처 : http://www.blackportraitures.info/speakers/zakiyyah-iman-jackson/)

포스트휴머니즘을 둘러싼 비판적 담론들은 동질적이지는 않지만 실제로 종종 모순된 개념의 연속을 제시하므로, 이 용어 자체는 논쟁의 소지가 있다. 예를 들면, 포스트휴머니즘과 관련된 중요한 작가들 중 한 명인 마누엘 데 란다(Manuel de Landa)는 포스트휴머니즘이라는 용어를 '매우 어리석은 것(very silly)'으로 간주하고 있다. 또한 로버트 페퍼릴(Robert Pepperell)의 『포스트휴먼의 조건(*The Posthuman Condition*)』과 헤일즈(Hayles)의 『어떻게 우리는 포스트휴먼이 되었나(*How We Became Posthuman*)』의 개념들은 단일 용어로는 이러한 모순들로 인해 분명하게 문제가 있다.

7. 포스트휴머니즘 이후와
포스트사이보그 윤리

포스트휴머니즘 이후(post-posthumanism) 또는 포스트사이보그주의(post-cyborgism)에 관한 개념이 최근에 소개되었다. 이 연구의 중심은 사이보그 기술들과 그것들의 제거 이후에 대한 장기적인 적응의 후유증들에 대해 서술한다. 예를 들면, 20년 동안 꾸준히 컴퓨터 매개 안경을 착용하다가 그 후 이를 제거하고, 20년 동안 '가상 세계(virtual worlds)'에 오랜 기간 적응하다가 '현실(reality)'로 돌아간 이후는 어떻게 될 것인가에 대한 의문과 정부나 관계자에 의한 사이보그 기술의 강제적 제거에 대한 윤리 등, 관련된 포스트사이보그의 윤리 문제가 있다. 또한 포스트휴먼의 정치적, 자연적 권리는 동물의 권리와 인간의 권리가 함께 있는 스펙트럼에 맞춰져 있다.

포스트휴머니스트 윤리와
포스트휴먼의 존재양식

포스트휴머니스트 윤리와
포스트휴먼의 존재양식[*]

머리말

　휴머니즘의 인간중심주의(anthropocentrism)를 비판하는 사상과 운동이 '포스트휴머니즘(Posthumanism)'이라는 개념으로 정립되고 있다. 로지 브라이도티(Rosi Braidotti)가 설명하고 있는 것과 같이, 포스트휴머니즘은 '인간(the Human)을 초월적 범주로 보는 예외주의(exceptionalism)와 인간중심주의의 교만을 비판한다(66).' 포스트휴머니즘은 특히 과학기술을 적극적으로 활용하여 불완전한 인간의 생물학적 한계를 극복하고 강화된 인간이 되는 것이 바람직하다고 보

---

* 이 글은 필자의 박사학위논문인 『타자성의 윤리학: 메리 셸리의 『프랑켄슈타인』과 비판적 포스트휴머니즘(부산외국어대학교 대학원, 2018년)』에서 트랜스휴머니즘과 포스트휴머니즘 관련 부분을 요약 정리한 것임.

는 사상과 운동, 즉 '트랜스휴머니즘(Transhumanism)'과 함께 논의되기도 한다. 그러나 인간 본성은 끊임없이 더 나은 상태로의 변화가 가능하기 때문에, 생명공학(biotechnology), 나노공학(nanotechnology), 로봇공학(robotics) 등과 같은 과학기술을 적극적으로 활용하여 인간의 능력을 최대한 향상시켜야 한다고 보는 트랜스휴머니즘은 인간중심주의를 더욱 극대화한다는 점에서, 인간중심주의를 비판하는 포스트휴머니즘과는 그 지향점이 다르다고 보아야 한다. 트랜스휴머니즘과 포스트휴머니즘의 핵심적인 차이는 트랜스휴머니즘이 인간중심주의적 세계를 더욱더 완전하게 만들기를 원하는 반면에 포스트휴머니즘은 오히려 인간중심주의적 세계의 폐기를 원한다는 데에 있다.

휴먼(human)에서 트랜스휴먼(transhuman)을 거쳐 포스트휴먼(posthuman)이 되는 변화의 과정에서 극단적 인간 향상이 궁극적으로 도달할 수밖에 없는 존재 양식이 '포스트휴먼'이라면, '트랜스휴먼'은 '포스트휴먼'이 되어가는 과정에 있는 존재라는 관점이 적절하다(이진우 297). 트랜스휴머니스트들의 전략은 인간적인 특징과 능력을 증대시키고 확장시키려고 하는 것으로 볼 수 있다. 트랜스휴머니즘이 추구하는 인간능력의 향상이라는 것은 휴머니즘과 계몽주의가 과학기술을 통해 질병, 노화, 기아 등을 극복하기 위해 노력해 온 것과 다르지 않다. 트랜스휴머니즘은 과학기술의 발전을 통해 인간개조 과정이 급속도로 진행되면 현재 인간의 능력을 상상을 초월할 정도로 능가하는 '인간 이후'의 존재자가 출현할 것이라고 예견한다. 트랜스휴머니스트들이 말하는 인간 발전의 최종 단계는 '포스트휴먼'이다.

이 '포스트휴먼'이라는 용어를 처음으로 사용한 사람은 이합 핫산

(Ihab Hassan)이다(헤어브레히터 53-54). 핫산이 주목한 것처럼 포스트휴먼 철학의 과제는 '인공지능이 인간의 두뇌를 대신하며 인간의 두뇌를 개선하는가 아니면 인공지능의 영향력이 더욱 확장될 것인가?'라는 문제이다. 인간과 기술의 관계 속에서 인간을 정의내리는 트랜스휴머니즘은 '현재의 인간의 능력보다는 급진적으로 월등한 능력을 기본적으로 가지게 되어 오늘날의 기준으로는 더 이상 인간으로 정의될 수 없을 정도의 애매모호한 존재가 되는 포스트휴먼의 진화에 대한 믿음'이라고 정의되기도 한다(김은령 137). '포스트휴먼'은 인간의 특성을 모두 포함하면서 더 많은 특성을 갖는 존재이고 어떤 의미에서는 현재의 인간과는 다른 새로운 종(species)을 뜻하는 개념으로 쓸 수 있다. 한편 향상된 지성, 의식, 체력, 지구력 등과 같은 능력을 갖춘 강화된 인간, 즉 '트랜스휴먼'은 현재의 인간적 능력을 초월하는, 과학기술에 의해 발전한 존재로서 '포스트휴먼'으로 성숙될 수도 있는 가능성을 지닌 존재이다.

인간의 기계화와 기계의 인간화에 의해 인간의 생물학적인 조건을 극복한 트랜스휴먼은 많은 과학소설 작품들에서 사이보그(cyborg)의 형태로 등장한다.[125] 신체의 유기적 부분들이 기술에 의해 향상되거나 기계부품들에 의해 대체됨으로써 인간과 기계의 합성물이라고 할 수 있는 것이 사이보그이다. 사이보그는 전적으로 인공적인 기계적 구조물, 즉 비유기적 재료들을 이용하여 만든 기계인 로봇(robot)과는 구별된다. 로봇 중에는 휴머노이드(humanoid), 즉 인간과 유사한 수직적 몸통(torso)과 두 다리(bipedal)를 가진 형태도 있다. 한편 안드로이드(android)는 인간을 닮아서 육안으로는 인간과 구별하기 힘들고 인간처럼 행동하는 로봇인데, 사이보그의 몸은 인간의 신체적 능력을 넘어서는 능력을 가지고 있으며, 유기적인 것과 기술적인 것의 조화로 만들어진다. 유기체와 기술의 통합은 포스트 휴먼 형상의 한 요소이다.

사이보그는 먹고 마시는 것을 포함하여 질병을 앓는 것과 죽는 것 조차 없는 '이상적인(ideal)' 신체에 대한 관념을 제공한다. 이것은 오염이나 감염이 없는 살균된(antiseptic) 세계에 사는 순수한 자아, 즉 자연으로부터 벗어난 존재를 상정하고 전능(omnipotence), 즉 해부학적 신체 부분들을 더 강하고 성능이 좋은 인공적 부품들로 교환할 수 있기 때문에 심지어는 신체가 무한히 생존하고 존속될 수 있다는 트랜스휴머니즘의 희망에 대한 형상이 될 수 있다. 새로운 인간 생성에 대한 기대와 불안은 다나 해러웨이(Donna Haraway)의 『유인원, 사이보그, 그리고 여자(Simians, Cyborgs, and Woman: The Reinvention of Nature)』에 잘 나타나는데, 그녀에 따르면 인간은 이미 유기체와 기계의 하이브리드인 '사이보그'이다(150). 우리시대에 개인들은 다양한 전자 커뮤니케이션 수단들을 통해 다른 사람들과 상호작용함으로써 개인의 정체성은 사이보그와 같이 유동적인 상태가 되었고, 특히 "사이버스페이스에서는 사람들이 자신들의 신체로부터 달아나서 다른 정체성들과 유희할 수 있고, 가장 급진적으로 말하면, 탈성별화(postgendered) 될 수 있다는 관념이 생긴다."(Richardson 108)는 설명과 같이 남성과 여성이라는 이분법적 구별도 해체된다.

이와 같은 맥락에서 이 글에서는 비판적 포스트휴머니즘과 트랜스휴머니즘의 특성에 대해 간단히 정리하고 포스트휴머니스트 윤리와 포스트휴먼의 존재양식에 대해 살펴볼 것이다.

비판적 포스트휴머니즘과 트랜스휴머니즘

슈테판 헤어브레히터(Stefan Herbrechter)는 '휴먼, 포스트휴먼, 비휴먼적인 것의 상호의존이나 상호침투 과정에서 포스트휴머니즘을 지속적으로 분석하는 것'을 '비판적 포스트휴머니즘(critical posthumanism)'이라고 지칭한다(35).[126) 비판적 포스트휴머니즘은 기술에 대한 공포(technophobia)와 의심으로 인해 과학기술의 성과를 거부하는 디스토피아적 입장과, 기술에 대한 우호(technophilia)적인 관점에서 과학기술의 발전에 인류의 미래를 맡기는 유토피아적 입장 모두에 대해 비판적으로 접근함으로써 새로운 휴머니즘의 가능성을 모색한다. 프라모드 K. 나야르(Pramod K. Nayar)에 의하면, 비판적 포스트휴머니즘은 인간 예외주의(haman exceptionalism), 즉 인간이 독특한 창조물이라는 관념과 인간 도구주의(human instrumentalism), 즉 인간이 자연세계를 지배할 권리를 지닌다는 관념을 거부한다(4). 이것은 전통적 휴머니즘에 대해 보다 더 비판적이며, 인간을 다른 동물들이나 다른 생명 형태들과 함께 진화하고 생태계를 공유하는 존재로 보고, 또한 테크놀로지가 단순한 보철술(prosthesis)이 아니라 인간 정체성의 형성에 필수적인 구성요소라고 보는 관점이다(4). 또한 종차별주의적 휴머니즘(a speciesist humanism)이 인종차별주의(racism)와 성차별주의(sexism)와 같은 차별적 관행들과 연결되어 있다는 점을 인식하는 것이 비판적 포스트휴머니즘이 추구하는 목표라고 할 수 있다.

김재희의 정리에 의하면, "비판적 포스트휴머니스트들은 기술 문화의 급진적 변화에 대해 개방적이면서도 트랜스휴머니스트들의 데카르트적 인간중심주의 또는 자유주의적 휴머니즘에 대해서는 비판적 태도를 취한다."(204). 그는 "트랜스휴머니스트들은 포스트휴먼으로 이행하기 위해 특이점을 향해 가는 인간 향상 기술의 발전을 긍정하며, 인간의 사이보그화로 정의되는 인간 종의 진화를 합리적이고 자율적인 주체로서의 인간이 그 역량을 확장시켜 나가는 과정으로 간주한다."(203)고 말한다. 비판적 포스트휴머니즘은 인간과 비인간적 타자 사이에 가로놓인 모든 경계들을 해체한다. 포스트휴머니즘의 관점에서의 인간은 동물과 기계, 그리고 사물들과 복잡하게 뒤얽힌 혼합체일 뿐이기 때문이다. 이원태가 정리한 것과 같이, 비판적 포스트휴머니즘은 포스트휴머니즘 내의 휴머니즘적 유산을 청산하는 한편, 포스트휴먼화의 긍정적 잠재성을 강조하면서 기술적 변화를 이상화하지도, 부인하지도 않는다(14). 이와 같은 태도는 인간의 현재적 조건에 대한 비판이면서 새로운 포스트휴먼적 조건을 향한 도전이기도 하다. 생명 형태들을 동물, 식물, 인간으로 규정하고 범주화하는 규범적 주체성은 그것의 배타주의 때문에 비판적 포스트휴머니즘의 비판 대상이 된다. 비판적 포스트휴머니즘은 무엇보다도 전통적 휴머니즘의 배타주의에 의한 '타자화'를 비판한다.

대표적인 비판적 포스트휴머니스트들 중의 한 사람으로 거론되는 로지 브라이도티에 대해 이경란은 그녀가 '한편으로는 현대의 과학과 기술의 발전이 새로운 인공지능 살상무기들을 만들고 학대받고 판매되는 생명공학 포스트휴먼 생물체들을 생산하는 포스트휴먼 곤경'을 비판적 시각으로 보면서도 동시에 이 곤경이 '휴머니즘적 주체를 해체하고 새로운 탈인간중심적, 지구행성적, 생명중심적 포스트휴먼 주체를 담아낼 형식을 고안해내야 하고 또 낼 수 있는 긴급하고 중요한 기회'를 제공할 수 있는 것으로 진단한다고 본다(「기술과학」190).

　나야르가 진단하듯이, 비판적 포스트휴머니즘은 어떻게 인간이 언제나 이미 다양한 생명 형태들과 기계와 함께 진화하고 있으며, 그것들에 의해 구성되고 그것들을 구성하고 있는가를 입증하기 위해 전통적인 자주적, 일관적, 자율적 인간을 근본적으로 탈중심화한다(2). 나야르는 이른바 '인간적인 것'이 무엇인가에 대한 근본적 재반성에 대해 다음과 같이 말한다.

> 복제기술, 줄기세포 공학, 극저온 기술, 인공지능, 그리고 이종기관이식(xenotransplantation)은 새로운 유기체로 간주될 수 있는 형태 속에서 동물, 인간, 기계의 경계를 모호하게 만든다. 인권옹호 운동가들은 노예제가 오래전에 사실상 폐지되었는데도 죄수들이나 혼수상태의 환자들, 수용소 수감자들, 종족적/언어적/종교적 소수자들과 함께, 장애인들, 발달장애인들이 여전히 덜 인간적인 사람들로 다루어지고 있다는 우려를 나타내고 있다. 인간과 인간이 아닌 것(기계) 사이의 경계가 모호해졌고 그러므로 인간적인 것이 무엇인가에 대한 근본적 재반성이 이루어진다. 이른바 독특하게 인간적인 것으로 고려되는 박애정신, 의식, 그리고 언어를 동물들도 가지고 있다고 생물학자들이나 인지 동물행동연구가들이 지적한다.(3)

　이와 같이 비판적 포스트휴머니즘은 인간을 다른 생명 형태들보다 더 우월한 존재로, 그 다른 생명 형태들을 통제하는 위치로, 설정하는 문화적 재현들과 권력관계, 그리고 담론들을 비판적으로 연구한다. 또한 비판적 포스트휴머니즘은 인간과 생명에 대한 보다 더 포괄적인 정의를 추구하고, 그것의 이론적 철학적 방법론을 찾기 위해 다른 존재들을 하위인간 혹은 비인간으로 주변화 하는 것을 해체 구성하는 담론, 재현, 이론, 그리고 전통적 휴머니즘에 대한 비판들에 의존한다. 따라서 장애학(disability studies), 동물연구, 괴물학, 사이버네틱스와 의식 연구는 포스트휴머니즘에 기여한다. 왜냐하면 이러한 연구들은 인간의 경계들을 재정의 하고, 인간과 기계, 인간과 동물, 그리고 인간과 비인간이라는 위계질서를 의문시하기 때문이다.

캐리 울프(Cary Wolfe)는 비판적 포스트휴머니즘의 다종시민권 (multispecies citizenship)의 중심에 있는 종차별주의 형태들에 대해 비교하면서 "이러한 휴머니스트적, 종차별주의적 종속화 구조가 본래 상태로 남아있는 한, 그리고 비인간 동물들을 단지 그들의 종을 이유로 조직적으로 착취하고 죽이는 것이 옳다는 것을 제도적으로 당연시하는 한, 종에 관한 그러한 휴머니스트 담론은 종, 성별, 인종, 계층, 성적 차이가 무엇이든지 간에 이 사회적 타자에 대한 폭력을 지지하기 위해 언제나 유용하게 이용될 것이다."(8)라고 진단한다.

비판적 포스트휴머니즘은 보철기술, 인지과학, 나노기술, 생명공학 등의 발달로 기술이 인간의 몸속에 삽입되거나 생활에 밀착됨으로써 인간과 기계의 경계가 해체되는 시대, 즉 삶과 죽음, 인간과 기계의 구분이 모호해지는 미래에 적합한 새로운 윤리관의 정립이 필요하다는 인식을 중시한다. 종차별주의적 휴머니즘과 차별적 관행 (인종차별주의와 성차별주의 등) 사이의 내재적 연결성에 대한 인식이 비판적 포스트휴머니즘이 추구하는 새로운 휴머니즘과 포스트휴머니스트 윤리의 핵심을 이룬다고 할 수 있다. 포스트휴머니스트 윤리는 인간이 특별한 생명체라는 관념과 함께, 인간이 자연 세계를 통제할 권리를 가졌다고 믿는 관념을 거부하는 것을 기초로 하는 윤리이다. 이 윤리를 고취시키는 비판적 포스트휴머니즘은 기술과 유기체적 신체, 그리고 다른 삶의 형태가 서로 의존하고 상호 진화하는 방식에 주의한다.

　트랜스휴머니즘은 인간의 지적, 신체적, 정신적 능력을 더욱 향상시키기 위해 널리 사용되는 정교한 기술을 개발하고 제작함으로써 인간 조건의 변화를 위한 것이 목표인 국제적이고, 지적인 운동이다.127) 트랜스휴머니즘은 1999년 옥스퍼드 대학의 철학자 닉 보스트롬(Nick Bostrom)의 주도 아래 '트랜스휴머니즘 세계연합(World Transhumanist Association)'이 결성됨으로써 공식적으로 출범하였다. 트랜스휴머니즘은 응용 이성, 과학기술을 사용하여 노화를 제거하고 인간의 지적, 육체적, 심리적 능력을 강화시킴으로써 인간의 조건을 근본적으로 개선하려는 시도의 바람직한 가능성을 긍정하는 지적 문화적 운동이다. "트랜스휴머니즘은 21세기에 들어서면서 급격히 그 영향력이 확대되고 있다. 특히 최첨단 기업 등 사회적 명성과 영향력을 갖춘 인사들이 트랜스휴머니즘을 주도하는 집단에 가세함으로써 괄목할 만한 경제적, 문화적, 나아가 정치적 권력으로 성장하고 있다. 확실한 사실은 트랜스휴머니즘이 21세기를 기점으로 세계화된 시장 메커니즘을 통해 때로는 노골적으로 때로는 은밀하게 그러나 급격히 확산되고 있다는 점이다."(이원태 외 56)

　트랜스휴머니즘은 과학, 기술이라는 새로운 방법을 통해 인간의 가능성을 무한대로 계발한다는 점에서 휴머니즘의 확장이라고 볼 수 있다. 인간과 기계의 경계가 모호해지면서, 인류는 인간의 가치에 대한 기준과 한계, 또한 인간에게 적용되는 과학적 사고와 의식 등의 윤리적 영향력의 문제들을 재고해 보아야 할 것이다. 첨단기술이 사회를 지배하는 테크노 퓨처리즘(techno futurism) 시대에 요구되는 사유양식과 윤리를 모색해야 한다. 포스트휴머니즘의 전 단계라고 할 수도 있는 트랜스휴머니즘은 기술을 통한 인간능력 향상을 지지하는 입장, 즉 과학과 기술을 이용해 사람의 정신적, 육체적 성질과 능력을 개선하려는 지적, 문화적 운동이다.

또한 트랜스휴머니즘은 근본적인 인간의 한계를 극복할 수 있는 과학과 기술의 잠재적 위험에 대해서도 연구한다. 장애, 고통, 질병, 노화, 죽음과 같은 인간의 조건들을 바람직하지 않고 불필요한 것으로 규정하는 트랜스휴머니스트들은 생명과학과 신생기술이 그런 조건들을 해결해줄 것이라고 기대한다. 그들은 과학기술의 역사가 인간능력 향상의 역사라고 역설하면서, 이제 과학기술이 인간의 능력을 직접적으로 획기적으로 발전시킬 수 있는 단계에 왔다고 생각한다.128) 이러한 생각은 1998년에 제정되고 2009년에 개정된 「트랜스휴머니스트 선언」(The Transhumanist Declaration)에서 명백하게 드러난다.

1. 인류는 미래에 과학과 기술에 의해 지대하게 영향을 받을 것이다. 우리는 노화, 인지적 결함, 비자발적 고통(involuntary suffering), 그리고 행성 지구에 존재가 국한된 한계 등을 극복함으로써 인간의 잠재력을 확장할 수 있는 가능성을 기대한다.
2. 우리는 인류의 잠재력이 여전히 대부분 실현되지 않았다고 믿는다. 경이롭고 훌륭한, 향상된 인간조건으로 인도할 수 있는 시나리오들이 있다.
3. 우리는 인류가 심각한 위험들, 특히 새로운 기술들의 오용에

기인하는 위험들에 직면하고 있음을 인식한다. 우리가 가치 있는 것으로 여기는 것들 대부분, 심지어 전부를 상실할 수도 있게 만드는, 가능한 현실적 시나리오들이 있다. 이 시나리오들 일부는 급격한 것일 수도 있고 부지불식간에 진행되는 것도 있다. 비록 모든 진보는 변화이지만 모든 변화가 진보는 아니다.

4. 이런 전망들을 이해하기 위해 연구역량을 투입할 필요가 있다. 우리는 위험을 줄이고 유익한 적용을 촉진하기 위한 최선의 방법이 무엇인지 신중하게 숙고할 필요가 있다. 또한 사람들이 무엇을 해야 할지를 건설적으로 논의할 수 있는 포럼과 책임감 있는 결정들을 실행할 수 있는 사회질서가 필요하다.

5. 실존적 위험(existential risks)의 감소, 생명과 건강 보존수단들의 개발, 심각한 고통의 경감과 인간의 예지와 지혜를 개선하는 일은 우선적으로 추구되어야 하고, 이런 일들에는 전폭적인 재정지원이 집행되어야 한다.129)

이와 같이 선언하는 트랜스휴머니스트들 사이에서도 다양한 견해들이 있지만 그들은 대체로 과학기술에 대한 낙관적인 믿음과 다양한 인간 향상 기술에 대한 기대를 주장하고 유지한다는 점에서는 공통점을 보인다. 트랜스휴먼이 되기 위해서라면 유전자적 변형이나 인간 의식의 업로드 혹은 다운로드의 가능성도 열어두는 트랜스휴머니즘은 프랜시스 후쿠야마(Francis Fukuyama)와 같은 학자로부터는 '세상에서 가장 위험한 사상'이라는 비판을 받기도 한다.130) 후쿠야마와는 다른 맥락에서 데이빗 리빙스톤(David Livingstone)은 트랜스휴머니즘이 점성술이나 강신술 등과 연관된 신비주의(occultism)

혹은 프리메이슨주의(Freemasonry)의 산물로서 신이 되고자 하는 인간의 위험한 욕망의 표출로 본다(5-6). 과학기술에 대한 트랜스휴머니스트들의 낙관주의와 달리 과학기술을 비판하는 입장에 따르면 과학기술은 인간성을 완성하는 것이 아니라 인간을 조작 가능한 자연물의 일부로 취급함으로써 인간의 존엄성을 파괴한다. 근대의 과학은 자연을 아무런 생명이 없는 기계로 봄으로써 자연을 정확하게 예측하고 인간의 이익을 위해 이용할 수 있게 되었다면, 이제 현대의 과학은 인간을 이러한 이용의 대상으로 보려고 한다는 것이다.

그러나 트랜스휴머니스트들은 나노공학, 생명공학, 정보공학, 그리고 인지과학을 비롯하여 가상현실과 인공지능, 초지능(superintelligence), 마인드 업로딩(mind uploading), 화학적 두뇌 보존(chemical brain preservation) 등과 같은 기술들의 출현을 지지한다. 그들은 인간이 이러한 기술들을 인간 이상의 존재가 되기 위해 사용할 수 있으며, 또한 이 기술들을 사용해야 한다고 믿고 있다. 유발 노아 하라리(Yuval Noah Harari)는『호모 데우스(Homo Deus)』에서 '트랜스휴머니즘'이나 '포스트휴머니즘'이라는 용어들을 사용하고 있지는 않지만, 인간이 신과 같은 능력을 지닌 존재로, 즉 '호모 데우스'로, 자신을 향상시키기 위해 이용하고 있는 3가지 방법들, 즉 생명공학(biological engineering), 사이보그 공학(cyborg engineering), 그리고 비유기체 공학(engineering for non-organic beings)에 대해 설명한다(50-52). 인간의 유기체적 몸의 완전한 잠재력을 실현하는 일을 추구하는 트랜스휴머니스트들은 그러한 기술들의 존재를 인정하며 인간 스스로나 그들의 자식들에게 인간 강화 기술들을 사용하는 개인의 선택을 보장하기 위해서, 인지적 해방(cognitive liberty)과 형태학적 자유(morphological freedom)131), 그리고 생식의 자유(procreative liberty) 등의 보호를 지지한다. 트랜스휴머니즘의 다양한 견해들은 Wikipedia의 'Transhumanism' 항목에서 자세히 다루어지고 있다.

트랜스휴머니스트들은 세계의 빈곤과 질병, 영양실조를 감소시키기 위해 이성과 과학 그리고 기술을 적용할 방법을 찾고 있다. 트랜스휴머니즘은 인간의 몸을 향상시키는 기술을 적용하려고 한다. 트랜스휴머니스트들은 삶의 질을 향상시키기 위해 인간 조건의 장애물들을 제거하기 위해 획기적인 기술의 잠재력을 적극적으로 활성화하려고 한다. 트랜스휴머니스트들은 인간 조건의 진보와 발전을 위한 인간의 노력을 통해 더욱 강화된 존재가 되어 포스트휴먼 단계로 진입하는 전망을 바람직한 것이라고 본다.

커즈와일(Raymond Kurzweil)은 기술적 혁신의 속도가 가속화되고 있으며, 급진적인 발전의 결과물을 낼 뿐만 아니라 인간 존재의 본성을 기본적으로 변화시킬지도 모르는 기술적 특이점(technological singularity), 즉 인간의 지성을 능가하는 초인공지능이 출현하여 인간의 삶이 되돌릴 수 없도록 변화하는 시점이 도래할 것이라고 전망한다. 트랜스휴머니스트들은 인간의 생물학적 한계들을 극복할 수 있는 가능성에 대한 학제적 접근을 시도하고 있다.

자연 시스템을 보존하는 것에 도덕적 가치를 두는 철학자들이나 사회비평가들과는 달리, 트랜스휴머니스트들은 '자연'이라는 개념 그 자체가 문제적으로 모호한 것이며 발전을 방해하는 장애물이라고 본다. 많은 사람들이 '자연적인(natural)' 방법으로 인간능력을 향상시키는 것을 선호하고 '비자연적인(unnatural)' 개입들은 의심의 대상이 되는데, '비자연적인' 방법들과 관련된 생명윤리학적(bioethical)

논의들이 파생되고 있는 것이다.

트랜스휴머니즘에 대한 지지자들은 '생명보수주의자(bioconservatives)' 혹은 '바이오 러다이트(bioluddites)'와 같은 비판적 입장들에 의해 도전받고 있다. 특히 기술의 발전에 대해 주저하는 입장을 가지고 있는 강경한 생명보수주의자는 작물에 대한 유전자 변형과 동물 복제, 그리고 인간의 생물학적 한계를 넘는 인공적, 인지적 변형을 반대한다. 생명보수주의자의 관점은 도덕적 범주를 사용하여 자연을 보호하는 것을 옹호하는 것으로 특징지을 수 있다. 트랜스휴머니즘에 의혹을 품는 사람들은 트랜스휴머니즘에 의한 인간 강화가 사회적인 면에서 불공정한 관계를 야기하게 될 수도 있다고 본다.[132] 그러나 트랜스휴머니스트 사상가들은 기본적인 인간 한계들을 극복할 수 있으며 인간을 '트랜스휴먼'으로, 즉 더욱 확장된 능력을 가진 다른 존재로 변화시킬 수 있을 것이라고 본다. 트랜스휴머니스트들에 따르면, 인간 종(種)을 포함한 모든 종은 완성된 것이 아니라 언제나 과도기적 종이다. 따라서 지금의 호모사피엔스는 과학기술을 통해 더 나은 종으로 진화될 수 있다.

인간 몸의 기계성에 대한 옹호에서도 암시되는 것은 이른바 데카르트적 이원론(Cartesian dualism), 즉 마음(mind)과 몸(body) 이분법인데, 마음을 더 우위에 두는 이 이분법에 의하면 인간은 영적 경험을 하는 신체적 존재가 아니라 신체적 경험을 하는 영적 존재이다. 이것은 결국 인간이 무엇인가에 대한 근본적인 물음과 관련하여 트랜스휴머니스트들이 중시할 수밖에 없는 핵심적인 문제들 중의 하나인 몸에 대한 논의로 인도하게 된다. 그리고 그 논의는 신체화(embodiment)와 탈신체화(disembodiment)라는 개념들에 대한 이해를 통해 진행될 수 있다. 일부의 트랜스휴머니스트들은 인간의 생물학적 몸을 '사이버 마음(cybermind)'으로 대체할 수 있다고 보고 탈신체화를 옹호하는 사람들도 있다. 데카르트적 이원론의 연장선에 있는 이러한 관점은 특히 영혼과 육체 이분법과 함께 육체를 무가치한 것으로 보고 불멸성을 지닌 영혼을 중시하는 영지주의(Gnosticism)의 태도와 같은 것으로서 정통 기독교 사상과 대립되는 뉴 에이지 영성(New Age spirituality)에서도 보인다. 그런데 트랜스휴머니스트들은 대체로 탈신체화를 비판하고 몸과 신체화를 중시해야 한다고 본다. 그러한 관점을 따르면 영지주의를 비판하는 정통 기독교 사상은 과학과 기술을 활용하여 인간의 생물학적 한계를 극복하고 신체적 조건을 더 행복하고 건강한 상태로 변형시킬 수 있고, 변형시켜야 한다고 보는 트랜스휴머니즘은 양립 가능한 것이 된다.133)

포스트휴머니스트 윤리

포스트휴머니즘의 관심은 인간의 본성이 고정되어 있는 것이라고 보는 기존의 자유주의적 휴머니즘(liberal humanism)이 가정하는 이원론, 즉 인간과 자연, 자연과 인공, 인간과 기계 등과 같은 이분법적 경계를 해체하는 데에 있다. 포스트휴머니즘은 인간의 정체성도 혼합물 혹은 이질적 요소들의 집합으로서 탈경계적인 혼종성을 특징으로 한다고 본다. 그렇게 함으로써 자유주의적 휴머니즘의 인간중심주의를 해체하며, 또한 비인간적 존재들에 대한 인간의 지배적 관계를 전복하고자 하는 것이다.

포스트휴머니즘의 등장배경은 크게 두 가지라고 할 수 있다. 하나는 포스트구조주의가 휴머니즘과 인간주체에 대한 비판적 해체를 시도한 이후, 인간중심적-개체중심적인 자유주의 휴머니즘으로 회귀하지 않는 새로운 주체성의 모색이 긴급하다는 인식과 관련된 것이고, 다른 하나는 과학기술 혁명이 인간의 삶의 형태를 변화시키며 새로운 주체화의 조건으로 급부상한 상황과 관련된 것이다.

『사물의 질서(*The Order of Things*)』에서 푸코는 "인간은 극히 최근의 발명품으로, 이제 그 수명이 다해서 사라지고 있다."(387)는 묵시론적인 진단을 함으로써 반휴머니즘의 이념을 제공했다. 즉 인간주체는 절대적인 것이 아니며, 특수한 역사적 상황에서 구축된 담론적 힘들의 관계 속에서 생산된 것에 지나지 않는다는 것이다. 이러한 반휴머니즘에 의하면 인간은 자율적인 존재가 아니며 자기 목적적이지도 않고 변하지 않는 인간의 본질이라는 것도 존재하지 않는다. 이러한 반휴머니즘의 성찰은 휴머니즘이 유럽중심으로 전개되었고, 또한 백인 남성중심적이었으며, 인간 이외의 다른 동물만이 아니라 여성과 소수인종까지도 배제되거나 위계적으로 타자화되었다는 점에 대한 반성을 기본으로 한다.

그러나 반휴머니즘과 포스트휴머니즘은 동일한 지향을 가지는 것으로 볼 수는 없다.[134] 반휴머니즘이 휴머니즘에 대한 자기 성찰과 반성의 자세를 유지하면서 보편적 인간의 이념에 의해 억압되었던 타자의 목소리에 귀를 기울이는 담론이라면, 포스트휴머니즘은 그러한 타자성의 윤리학을 수용하지만 근본적으로 사이보그적인 세계관을 토대로 하고 있으며, 본래 인간은 기계와 동물 등과 같은 비인간적 존재와 융합된 혼종성의 특성을 지닌 존재라고 보는 것이다. 왜냐하면 포스트휴머니즘은 인간의 정체성을 독자적인 것으로 보지 않고 기계와 동물과 함께 상호 진화하는 집합체(assemblage)로 보기 때문이다. 헤어브레히터가 "기술과 문화가 분리될 수 없는 것처럼, 그렇게 기술에 대한 이해를 통해 분명해진 것은 개인과 기술의 불가분의 관계이다. [……] 그에 따라 인간은 매순간 자신의 대상 세계와 사회적 주변 세계에 적응하고 기술적으로 상호 작용하면서 '개성'을 획득한다."(222)고 말하듯이, 포스트휴머니즘은 인간 그 자체를 다른 생명 형태들과 함께 진화하는 존재로 인식하기 위해 인간을 자율적이고 자기의지적인 개인적 행위주체로 보는 전통적인 휴머니스트적 사유양식을 초월하려고 추구한다. 따라서 그것은 인간이 다른 생명 형태들로부터 분리되고 그 다른 생명 형태들 위에 군림하면서 그들을 지배하는 예외적 존재라고 보는 견해를 거부한다.

이와 같은 맥락에서 포스트휴머니즘은 인간적인 능력과 특질과 의식, 자질들이 다른 생명 형태들과 기술과 생태계와의 관련성 속에서 진화해 나가는 것으로 본다. 이것은 포스트휴머니즘이 인간을 모든 것의 중심으로 보지 않는다는 것을 의미한다. 포스트휴머니즘은 인간을 모든 생명 형태들과의 연결, 교환, 결합, 교차의 네트워크에 대한 예시화로 본다. 특히 비판적 포스트휴머니즘은 생명에 대한 보다 더 포괄적인 정의를 요구한다. 또한 종들의 차이를 제거하고 종들을 혼합시키는 시대에 비인간적 생명 형태들에 대한 보다 더 강한 도덕적/윤리적인 대응과 책임감을 요청한다. 그러므로 비판적 포스트휴머니즘은 생명 형태들에 대한 위계적 질서화를 비판하기 때문에 분명한 정치의식을 가진다고 할 수 있다. 독립적이고 독특한 것으로 평가받는 전통적 휴머니즘에서의 종정체성(species-identity) 대신에 비판적 포스트휴머니즘은 종들의 상호정체성(interspecies)에 초점을 두고, 인간의 발전은 '존재(being)'보다 타 존재들과 '함께 생성되기(becoming-with)'를 통해 진행된다고 본다.

포스트휴머니즘은 '주체성'이라는 개념에 대한 재고를 수반한다. 왜냐하면 이것은 인간 주체성이 기계나 동물과 함께 상호 진화하는 것으로 보기 때문이다. 또한 포스트휴머니즘은 생명에 대한 더 포괄적인 정의를 필요로 한다. 포스트휴머니즘은 생명 형태가 '동물', '식물', '인간'으로 규정되고 범주화되는 규범적 주체성의 배타주의에 대하여 비판하기 때문이다.

우리는 시기적으로 트랜스휴머니즘의 뒤에 오는 것으로 볼 수 있는 포스트휴머니즘에서는 '인간 같은 기계'나 '기계 같은 인간'과 관련되는 윤리의 문제가 중시될 수밖에 없다고 본다. 특히 휴머니즘과 트랜스휴머니즘의 인간중심주의에 대한 철학적 비판을 시도하는 것이 비판적 포스트휴머니즘이다.

포스트휴머니스트 윤리가 부정될 때 초래될 수 있는 위험들 중의 하나는 새로운 사회적 불평등이 야기될 수 있다는 전망과 관련된다. 예를 들면 유전자 조작을 통한 특정 계층의 강화가 가능하게 될 개연성이 있으며, 이것이 사회적 불평등을 초래할 수 있는 것이다. 임석원이 말하듯이 그러한 전망에 따르면 포스트휴머니즘의 미래는 이상적인 유토피아라기보다는 사회적·윤리적으로 정당하지 않은 세계이다(68). 프랜시스 후쿠야마는 이와 같은 이유에서 유전자 기술이 가져올 결과에 대한 일반적인 공포 때문에 인간의 본성에 관한 확실한 관점이 당연히 지속될 것이라는 결과를 끌어내는데, 이러한 불안은 다음과 같은 것을 의미한다.

바이오 공학기술은 어떻든 우리가 휴머니티를 상실하도록 만들 것이다. 말하자면 역사의 전개 과정에서 인간의 상황에 가해진 모든 변화에서도 우리가 누구인지 그리고 우리는 어디로 가는지에 대한 우리의 이해를 늘 확고하게 뒷받침해 주던 그 어떤 본질적인 특성을 이제는 상실하게 될 것이다. [......] 인간의 본질적인 특성이 무엇이었는가를 이미 잊어버렸기 때문에 우리는 경계를 넘어선 전환점이 이미 시작되었다는 것조차 인식하지 못한 채 갑자기 휴먼의 역사와 포스트휴먼의 역사 사이에 놓인 거대한 분리선의 저편에서 성장할 수 있는 것이다.(101)

헤어브레히터의 설명에 의하면, 후쿠야마는 인간의 본성이란 "종의 전형적인 특징이며, 그 특징은 휴머니티에 근거해서 모든 인간 생명체에 의해 나누어져 있는" 것이고, 인간의 권리, 정당성, 도덕과 같은 개념들과 긴밀하게 결합되어 있는 것으로 본다(236-237). 그러므로 후쿠야마의 관점을 따르면, 바이오 공학기술과 유전자 공학기술을 통한 트랜스휴먼화에 수반되는 위험은 "인간이 존재한 이래로 일관되게 존재해 온 도덕을 위해 인간적인 의미를 부여했던 그 토대"(102)가 붕괴된다는 데에 있다.

패트리샤 맥코맥(Patricia MacCormack)은 『포스트휴먼 윤리: 신체화와 문화이론(*Posthuman Ethics: Embodiment and Cultural Theory*)』에서 포스트휴먼 윤리는 '살아있는 몸들 사이의 필연적인 연결'을 요청한다고 말한다(4). 또한 펠릭스 가타리(Felix Guattari)는 "우리는 더 이상 타인들이 우리의 점막, 우리의 피부, 우리의 모든 민감한 영역을 점령당한 영토로 변모시키도록 허용할 수 없다. 즉 타인들에 의해 통제되고 조직되어 우리의 접근이 금지되는 영토로 우리의 몸을 변모시키도록 허용할 수 없다."(30-31)고 주장하는데, 포스트휴머니스트 윤리는 배타적인 다른 사람들에 의해 점령당하지 않는 자유롭고 평화로운 몸들이 화합하는 것을 통해 구현될 수 있다.

포스트휴머니즘 시대의 윤리는 현재의 인간뿐만이 아니라 미래의 인간도 포함된 인간에 대한 책임을 포함하는 윤리일 것이다. 포스트휴머니즘의 중심에는 인간이 완전한 존재가 아니므로 그것을 기술이 채워야 한다는 논리가 있으며, 그 부족한 부분은 인간의 가치와 존엄성이 아닌 기능성과 효율성으로 채우게 되는 것이다. 또한 기술의 향상은 인간의 도구화와 함께 윤리적 문제를 제기한다. 우리가 설정할 수 있는 인간 존중의 경계는 인간의 자율성이며, 인간의 존엄성은 평등한 자율적 인격 사이에서 설정할 수 있다.

임석원이 정리하고 있듯이, "한스 모라벡(Hans Moravec)과 레이먼드 커즈와일 등은 현대 과학기술의 눈부신 발전이 우리 인류를 머지 않은 미래에 향상된 능력을 지닌 새로운 종으로 변화 혹은 진화시킬 것이라고 예언하며 궁극적으로 인간능력을 확장시키기 위해 과학기술을 사용하는 것을 옹호한다. 이들은 인간과 기계, 인간과 정보의 융합을 통해 인간이 노화, 질병, 죽음, 공간 제약 등과 같은 육체적 한계를 극복하고 포스트휴먼으로 나아갈 수 있다고 본다. 트랜스휴머니스트들은 생명 진화와 기술 진화가 동일한 패턴을 통해 연속선상에서 진행된다고 여기고, 허약한 인간 육체를 더 나은 기계 육체로 대체하는 것을 반기며, 인간 의식을 컴퓨터와 같은 비유기적 기계장치에 업로딩하는 것과 같은 정신의 탈신체화(disembodiment)를 꿈꾼다. 이를 통해 지금까지와 같은 형태의 인간 종은 점차 사라지고 새로운 종으로서 '포스트휴먼'이 등장하게 된다는 것이다(69~70)." 인간의 삶은 생물학적 두뇌활동이 그 본질이기 때문에 인간의 두뇌활동을 디지털화하고 알고리즘으로 변환하여 컴퓨터에 업로드하면 비록 인간의 육신이 소멸해도 인간의 본질인 두뇌활동은 컴퓨터 안에서 영생을 누릴 수 있다고 하면서 이처럼 업로드된 인간을 포스트휴먼이라고 보는 관점도 있다(이원태 77). 물론 "포스트휴먼이 인간성의 종말을 의미하는 것은 아니다. 포스트휴먼은 특정한 인간 개념의 종말, 개별적 인과 선택을 통해서 자신의 의지를 실행하는 자율적 존재로서 스스로를 개념화할 부와 권력, 여유를 가진 극히 소수의 인간에게만 적용될 수 있는 개념의 종말을 의미한다."(502-503)고 캐서린 헤일스가 말하듯이, 포스트휴먼은 새로운 인간성의 창조를 뜻하는 것으로 볼 수 있다. 그와 같은 포스트휴먼의 새로운 존재양식은 '항상 휴머니즘 내부에서 행해지는 인간적인 것과 인간적이지 않은 것 사이의 이중적인 대립의 해체(Badmington 16)'에 관심을 가지는 것으로부터 시작된다.

포스트휴먼의 존재양식

포스트휴머니즘은 인간중심주의적 사고의 해체를 염두에 둠으로써 휴머니즘이나 트랜스휴머니즘의 편협성을 극복할 수 있는 계기를 마련해준다고 볼 수 있다. 그러한 계기를 통해 인간 그 자체를 완전히 새롭게 설명해 볼 수 있다. 인간 존재는 아직 도달하지 못한 어떤 미지의 것, 즉 그 경계가 불투명한 어떤 특이한 것이다. 그렇다면 "우리는 있는 그대로의 우리가 되기를 원한다. 즉 새롭고, 일회적이고, 비교할 수 없고, 자기 자신에게 스스로 법칙을 부여하고, 자신을 스스로 창조하는 자가 되고자 한다."(니체 335)는 말에 보이는 '있는 그대로의 우리'는 어떤 존재인가?

나노테크놀로지, 바이오테크놀로지, 로봇공학, 정보통신기술, 신경과학, 인공지능, 그리고 이와 유사한 과학이 결합한 새로운 융합기술은 이제까지와는 전혀 다른 새로운 상황을 만들어낸다. 이진우는 "이제까지 자연(본성)에 의해 통제되어왔던 인간은 포스트휴먼 시대의 도래와 함께 오히려 자연(본성)을 통제하게 된다. [……] 포스트휴머니즘의 초기 단계에는 인간과 기계의 융합이 점진적으로 이루어져 미세한 나노로봇으로 병든 두뇌의 부분을 고치는 정도에 불과할지 모르지만, 궁극적으로는 인간 지능을 기계에 완전히 다운로드하는 수준까지 발전 가능하다는 것이다."라고 설명한다(286-288). 현실적으로 우리는 우리가 사용하고 있는 이동전화, 컴퓨터와 같은 기술 발명품을 일상의 일부분으로, 즉 '인간과 기계의 융합'으로 느끼고 있다. 그래서 기술발명품은 실제 일을 수행하는 도구일 뿐만 아니라 사람들의 정체성, 생활 방식, 가치 체계를 정의하는 것으로 간주된다.

이와 같은 맥락에서 포스트휴먼의 존재양식이 무엇인지 알아볼 필요가 생긴다. '포스트휴먼'이란 용어는 철학, 윤리학, 의학, 기술과학, 정치학, 사회학, 미학 등 다양한 학문분야에서 현재 사용되고 있지만, 아직까지 합의된 정의를 갖고 있지는 않는 것으로 보인다. 진정한 포스트휴먼의 출현은 바람직한 미래의 인간상의 출현이라고 볼 수 있다. 포스트휴먼의 존재양식은 무엇보다도 인간중심주의적 태도를 비판하는 윤리, 즉 포스트휴머니스트 윤리를 토대로 하는 것이라고 할 수 있다.

포스트휴머니즘은 녹색운동이나 동물권리보호운동의 방향과 같이 비-인간중심주의적 타자들 (non-anthropocentric others)의 복지에 관심을 갖는 태도를 토대로 이루어져야 한다는 점에서 그것은 '약한' 인간중심주의 혹은 '개방적' 인간중심주의를 수긍하게 될 것이다. 그것은 종차별주의(species-ism)에 대한 비판, 즉 인간이 다른 종들의 신체에 아무런 제한 없이 접근할 수 있는 권리를 지니고 있다고 보는 '강한' 인간중심주의적 오만을 경계하고, 다른 종들이나 다른 생명 형태들에 대한 존중을 통해 그들의 이익을 위해 봉사하는 태도를 중시한다. 인류의 진화과정을 돌이켜 볼 때, 인간은 끊임없이 인간 신체의 불완전한 생물학적 한계를 극복하기 위해 부단한 노력을 기울여 왔다. 유전공학 기술이나 인공지능의 발전으로 인간이 트랜스휴먼이 될 수 있는 전망이 보이고 있는데, 그렇다면 트랜스휴먼과 구별해야 하는 진정한 포스트휴먼은 어떤 양식으로 존재할 수 있는가?

같은 맥락에서 김재희는 "비-인간중심주의적이고 비-개체중심주의적인 방식으로 포스트휴먼으로서의 새로운 주체성을 생산하기 위해서는 시몽동의 개체초월성과 과타리의 리좀적 횡단성(transversalite)이 연동될 필요가 있다."는 점을 지적한다(220).

인간은 과학기술에 의해 새롭게 창조되고 있는 중이라고 할 수 있다. 물론 기술은 우리를 경제적으로 풍요롭게 해 주고, 더 오래 살게 해 주고, 개인적인 삶의 실현의 가능성을 넓혀주지만, 우리의 정체성을 미묘한 방식으로 변화시킨다고도 할 수 있다. 이런 관점에서 캐서린 해일즈의 다음과 같은 말은 참고할 만하다.

우리는 포스트휴먼을 어떻게 이해해야 할까? 포스트휴먼이 된다는 것은 인간을 다른 종류의 정보처리 기계, 특히 지능을 가진 컴퓨터와 근본적으로 유사한 정보처리 기계로 생각한다는 뜻이다. 이런 생각을 가진 사람들은 정보가 정의되어 왔던 방식 때문에 물질성과 정보 사이에 경계선을 긋는 경향이 있다. 그러면 정보가 물화된 개념으로서의 무게는 잃지 않으면서 전 세계를 쉽게 돌아다닐 수 있는 비물질적 유동체라고 생각할 수 있다. [......] 이제 문제는 우리가 포스트휴먼이 될 것인가가 아니다. 포스트휴먼은 이미 도래했기 때문이다. 문제는 우리가 어떤 포스트휴먼이 되느냐이다.(433-34)

시몽동의 생성 존재론은 질 들뢰즈(Gilles Deleuze)로 계승되는데 들뢰즈는 펠릭스 가타리(Felix Guattari)와 공저한 『천개의 고원(A Thousand Plateaus)』에서 이러한 '되기' (becoming) 개념을 인간이 인간에 대한 기억과 집착에서 벗어나는 반(反)기억 (antimemory), 즉 무엇인지 명확하게 지각할 수 없는(imperceptible), 식별 불가능한 (indiscernible) 것을 만드는 것이라고 말한다(238). 이 '되기'는 다른 종류의 삶을 향해 자신을 창조적으로 변용시키려는 의지와 욕망이 있어야 가능하게 되는데, 동시에 새로운 양태가 되기 위해 문턱을 넘는 힘, 즉 최소한의 '강도'(intensity)가 있어야 한다. '강도'에 대한 들뢰즈의 견해는 도교의 기(氣)(또는 역동적인 에너지) 개념과 비교할 수 있다. 왜냐하면 강도와 기가 에너지라는 견지에서 사유되기 때문이다.135) 들뢰즈와 가타리의 '되기' 개념의 윤리적 함의는 탈개체화의 증대, 다양성과 이질성의 긍정, 그리고 창조성과 기쁨의 증진에 있다고 할 수 있다(정형철, 『영미문학과 디지털문화』150-151).

지금의 나는 나와 연결되어 있는 숱한 인간 행위자, 비인간 행위자의 이종적인 연결망 그 자체로 보아야 한다. 나의 존재는 나와 네트워크로 연결되어 있는 수많은 다른 존재자들과의 상호작용에서 파생된 관계적 효과이다. 지금의 인간, 비인간에는 오랜 시간을 거치면서 형성된 복잡하고 이종적인 네트워크들이 접혀져(folding) 있다. 이것은 불교에서 강조하는 상호의존성(interdependence) 사상에서도 파악된 사실이다. 상호의존성 사상에 의하면 인간이 이 우주에서 가장 소중한 존재가 아니라는 점은 분명하다. 같은 맥락에서 '포스트휴먼'이 된다는 것은 인간과 동물, 인간과 기계, 인간과 비인간 등 인간과 인간이 아닌 것을 경계 짓는 그 경계선을 가로질러 자유롭게 무엇이든 새로운 존재로 주체성을 구성할 수 있다는 가능성을 내포하게 된다.

김은령은 '포스트휴먼'이 된다는 것은 경계를 가로지르며 무엇이든 될 수 있는 자유로움과 변화가능성의 기회를 주는 것, 즉 임의적인 것들이 패턴을 만들었다가 사라지기를 반복하는 정보의 흐름처럼 '결정된 지점을 향해 정해진 궤도를 따르지 않고 우발성과 예측불가능성을 수용하는 존재'가 되는 것이며, 경계를 모호하게 하는 지점에서 정체성이 재정의 됨으로써 이전과는 다른 차원의 주체성이 구성되는 것이라고 본다(140). 이와 같이 다른 차원의 주체성으로서의 '포스트휴먼'에 대한 인식은 인간과 기계의 경계를 해체한다는 점에서는 인간 혹은 남성(Man)을 우주의 중심에 두고 비남성, 비서구인, 비백인, 비이성애자, 비인간을 이류 존재로 간주했던 서구의 자유주의적 휴머니즘 주체를 와해시키는 긍정적인 효과를 가진다(이경란, 「포스트휴먼시대」 8).

또한 우리는 포스트휴먼의 존재양식 중에서 남성과 여성의 성별(gender) 구별 그 자체를 해체하는 양성성(androgyny) 혹은 포스트젠더리즘(postgendersim)을 살펴볼 수 있다. 포스트젠더리즘이란, 사회적, 정치적, 문화적 운동으로 포스트젠더리즘 사상의 신봉자들은 발전된 생명공학의 적용을 통해 인간종(human species)의 자발적인 성별 제거를 추구하는 일종의 사회철학이다. 포스트젠더리스트들은 생식 목적을 위한 성별은 무용지물이 되고, 포스트젠더화된 모든 인간이 선택에 의해, 임신 능력을 가질 수 있다고 믿는다. 그로 인해 이러한 사상이 지배하는 사회 속에서는 한정된 성별의 필요성이 사라진다는 것이다.

포스트젠더리즘 혹은 양성성의 방식과 함께 우리는 자연과 인간의 이분법적 구별을 해체하는 '숭고(the sublime)'를 포스트휴먼의 존재양식의 또 다른 예로 검토해 볼 필요가 있다. 낭만주의 미학의 가장 중요한 개념들 중의 하나는 '숭고'이다. '숭고'라고 번역되는 수사학적 '고상(hypsus)'과 관련된, 롱기누스(Longinus)의 오랫동안 잊힌 텍스트를 브왈로(Boileau)가 번역한 이후, 그리고 17세기 중엽 존 밀턴(John Milton)의 『실낙원(*Paradise Lost*)』이 출판된 이후, 숭고에 대한 매혹이 유럽 미학과 문화의 현저한 특징들 중의 하나가 되었다. 롱기누스의 '숭고'에 대한 견해는 18세기 이후의 뜻과는 달리 수사적 스타일의 고양(elevation of rhetorical style), 즉 문학적 스타일을 일상적이고 평범한 차원에서 고도의 탁월성으로 고양시키는 것을 뜻한다. 즉 청중을 단순히 설득히는 것보다 청중을 황홀(ecstasy)의 경지로 고양시키는 것을 더 중시한다. 물론 그렇게 하기 위해서는 우선 관념(ideas)에 대한 확고한 파악이 강조되고 나중에 적절한 단어의 배열이 강조된다. 고양된 양식 속에서 고귀한 관념을 표현하는 것이 중시되는 것이다.

조화와 합목적성, 규칙 등과 같은 '미(the beautiful)'의 기준들과 결별하는 '숭고' 앞에서 "인간의 자아는 '말할 줄 모르고, 움직이지 못하며, 죽은 것과 다름없는' 존재의 비인간적 느낌에 노출되어 그 스스로가 무화되는 것을 발견한다."(169)고 리처드 커니(Richard Kearney)가 장 프랑수아 리오타르(Jean Francois Lyotard)의 '숭고'론에 대해 해설하고 있듯이, 숭고는 인간의 자아를 탈중심화 함으로써 비인간적 타자들과 대립되지 않는다.136)

일상적 용법에서의 '숭고'는 인지적 한계를 능가하는 초월 혹은 영(靈)의 황홀경험을 지칭한다. 이것은 '숭고한(sublime)'이라는 말의 어원이 '수퍼 리마(super lima)', 즉 세속적 세계의 '진흙(slime)'을 뛰어 넘는 것이라는 뜻과 관련이 있기 때문일 것이다. 이러한 초월의 경험의 순간에 현상적 세계는 용해되고 자아는 우주와의 일체감을 유지하게 된다. 그런 순간에 가시적 대상은 용해되거나 일시적으로 보이지 않게 된다. 그런 초월의 경험 혹은 누미누스(numinous)의 감각은 특히 18세기 말과 19세기 초 낭만주의자들이 매력적인 것으로 보았다. 계몽주의 프로젝트 혹은 자연의 '탈주술화(disenchantment)'의 과정에서 누미누스 감각과 종교적 경건의 전통적 형식이 침해되었던 그 시기에 유럽 전역에서 확산될 수밖에 없었던 권태에 대한 일종의 해독제로 숭고가 작동했다고 볼 수도 있다.

18세기 중엽 에드먼드 버크(Edmund Burke)에게는 숭고의 경험이 두려움(terror)과 즐거움(delight)의 동시적 경험, 즉 '즐거운 두려움(delightful terror)'이다. 위협이 제거되고 나면 두려움을 뒤따르게 되는 것이 즐거움이다. 이 모순어법적 경험은 한계가 없고, 강력하며, 붕괴적이고, 거대한 것들과 같은 위협적인 현상들이나 대상들 속에 내재된 위험을 극복하고 난 이후의 상태를 의미한다. 버크는 숭고는 그러한 위험을 사람들이 성공적으로 극복하는 수고와 노력을 필요로 한다는 점을 지적한다.[137]

토마스 위스켈(Thomas Weiskel)이 『낭만적 숭고(The Romantic Sublime)』에서 전개한 숭고론의 핵심적인 주장은 인간은 감정과 연설에서 인간적인 것을 초월할 수 있다는 것이다. 위스켈에 의하면, 워즈워스와 같은 낭만주의 시인들은 인간적 관심사를 강조하는 자리에서 숭고를 포기해야만 했다. 위스켈은 낭만적 숭고 배후에는 제국주의의 확신, 일종의 영적 자본주의, 사적 자아의 무한성에 대한 추구가 결합되어 있는 것이라고 본다. 버크 이후 칸트(Kant)도 또한 '미'와 대립되는 개념으로 '숭고'를 논했다. 그의 구별에 따르면, 미는 감각의 세계에 중심을 둔 이기심과 이익과 연관되고 반면에 숭고는 재현될 수 없는 것들의 제시로서 감각적 세계를 관통하는 그들의 지적 정신과 이성의 힘을 확인할 수 있게 해 주는 것이다. 즉 칸트에게 미는 자아중심적, 이기주의적인 것이고, 숭고는 사심없으며, 무아(無我)적인 것이다. 칸트는 숭고를 무서운 것/고통스러운 것과 연결한다. 또한 이성의 속박을 벗어났다는 것을 인식하게 되는 것 속에 즐거움이 있다는 것이다. 숭고의 원천은 예술작품에서 자연으로 그리고 마침내 정신으로 이전된다.[138]

숭고는 감각경험의 한계들(불쾌不快)과 우리 정신의 힘(쾌快)을 동시에 나타낸다. 포스트모던 숭고 개념에서 미는 그것의 형식을 이해할 수 있는 것과 연결되는 것인데, 숭고는 재현 불가능한 무형태(the unrepresentable formless)와 연관된다. 숭고는 규칙에 대한 저항과 관련되며, 미는 현존하는 형식들과 사회의 구조들에 대한 보수적

수용과 관련된다. 숭고는 인지적 한계를 능가하는 것으로 여겨지는 경험을 지칭하기도 한다. 이 점에서 종교적인 황홀의 경험과 비슷한 면이 있다.

맺음말

이 사회를 지배하는 테크노 퓨처리즘(techno futurism) 시대의 포스트휴먼의 바른 존재양식은 신체를 존재의 장이 아니라 일종의 액세서리로 여기는 데에 있지 않고, 탈신체화된 불멸이라는 환상에도 미혹되지 않으며, 인간의 생명과 지속적인 생존이 대단히 복잡한 물질세계에 의존하지만, 동시에 그 물질세계 자체가 성스러운 것이라는 인식을 토대로 실현될 수 있다. 로버트 페퍼럴(Robert Pepperell)이 "포스트휴먼의 몸은 어떠한 방식으로 존재하는가, 인간들이 우주의 중심이던 휴머니즘의 시대를 지나, 기술과 이미지가 인간과 공생하며 마침내 혼성이 되어 새로운 존재로서 출현하는 포스트휴먼 시대에 우리의 몸은 더 이상 확정적이고 분명한 경계를 갖지 않는다. 인간의 몸에는 '아무런 경계가 없다'."(178)고 말하듯이, 포스트휴먼의 존재양식은 남성과 여성, 인간과 자연과 같은 이분법만이 아니라 정신과 물질의 경계도 해체하는 넓은 뜻에서의 화해와 상생의 정신으로부터 시작된다고 할 수 있다.

포스트휴머니즘은 휴머니즘이 추구했고 트랜스휴머니즘에 의해 극대화되는 인간중심주의의 극복을 지향한다. 인간을 정의할 때 더 이상 배제할 수 없는 인간-동물-기계 사이의 연속성을 인정하고 그 연속성 속에서 포스트휴먼을 조명하는 작업은 인간에 대한 새로운 이해를 위해 도움이 될 것이다. 인간은 기술을 변화시키고 기술은 인간을 변화시키면서 인간과 기술이라는 커다란 관계망 속에서 포스트휴먼은 사이보그적 존재양식과 관련을 가진다. 사이보그의 등장은 경계의 소멸을 의미한다는 것이다. 인간과 동물 사이의 경계를 규정해 왔던 언어 및 도구의 사용, 사회적 행동 등이 더 이상 인간 고유의 것이 아니다. 기술의 발전은 자연적인 것과 인공적인 것, 심지어 인간과 기계의 구별도 어렵게 하고 있다. 또한 물리적인 것과 비물리적인 것의 구별도 어려워졌다. 이 상황은 "우리의 현재는 동물과 인간, 유기체와 기계, 그리고 물질적인 것과 비물질적인 것의 경계가 붕괴되었다는 점에서 의심할 바 없이 포스트휴머니즘적이다."(헤어브레히터 290)라는 진단으로 요약된다.

트랜스휴머니스트들의 사상에 동조하는 다른 사상가들은 전통적 가치들의 호소에 반대하고 그들이 지나친 염려라고 생각하는 것들, 예를 들면 『멋진 신세계』와 같은 종류의 논의들을 포함한 디스토피아적 생각들에 반대한다. 그것은 맥스 모어(Max More)가 "트랜스휴머니스트들은 우리의 생물학적, 유전적 유산에 의해 부과되어 있는 한계들을 극복하기 위해 기술공학을 적용하고자 한다. 트랜스휴머니스트들은 인간 본성을 그 자체로 목적으로서, 완전한 것으로서, 우리의 충성을 요수하는 것으로서 간주하지 않는다. 오히려, 그것은 단지 진화론적인 진행에서 하나의 지점일 뿐이고, 우리는 우리 자신의 본성을 우리가 바람직하고 가치 있다고 여기는 방식으로 고치는 걸 배울 수 있다."(4)고 말하는 부분에서도 드러난다.

같은 맥락에서 헤일스도 "현재 포스트휴먼의 여러 버전들 중 일부는 반인간적이고 묵시록적인 방향을 가리키고 있다. 그러나 우리는 생물학적이든 인공적이든 지구와 우리 자신을 공유하고 있는 다른 생명 형태와 우리 인간의 장기적인 생존에 도움이 되는 또 다른 포스트휴먼을 만들어 낼 수 있다."(509~510)고 함으로써 트랜스휴머니즘만이 아니라 그 이후의 새로운 포스트휴머니즘의 긍정적 가능성을 예상한다. '포스트휴먼'은 과학과 기술을 활용하여 인간의 생물학적 한계들을 극복하고 좀 더 신체적으로 강화된 몸과 타자성의 윤리를 통해 좀 더 도덕적으로 향상된 마음을 동시에 지닌 존재라고 정의할 수 있다. 포스트휴먼 조건(the posthuman condition)은 인간의 종말이 아니라 인간중심적 우주의 종말, 즉 인간의 우월성과 독특성에 대한 자만을 토대로 한 휴머니즘의 종말을 통해 구현될 것이다. 이 포스트휴먼 조건은 인간이 아닌 존재들에 대한 인간의 착취를 거부하는 타자성의 윤리, 즉 포스트휴머니스트 윤리를 지지한다.

종교와 트랜스휴머니즘

정형철

(부산외국어대학교 영어학부 교수)

고통으로부터의 해방과 깨달음의 실현을 위한 불교의 지향을 팔정도(八正道)와 육바라밀(六波羅密)과 같은 수행이 아니라 과학지식과 테크놀로지의 활용을 통해 추구하는 것은 어떻게 이해해야 하는가? 마음 챙김(mindfulness)과 같은 명상실천을 위해 뉴로테크놀로지(neurotechnology)를 사용하는 것은 용납될 수 있는가? 불교사상과 트랜스휴머니즘의 결합을 시도하는 불교적 트랜스휴머니즘은 대표적인 트랜스휴머니스트 철학자들 중의 한 사람인 닉 보스트롬(Nick Bostrom)과 불교승려였던 제임스 휴즈(James Hughes)가 공동 설립한 IEET(Institute for Ethics and Emerging Technologies)에서 '사이보그 붓다 프로젝트(Cyborg Buddha Project)'로 추진되고 있다. IEET 웹사이트에 의하면 현재 그 프로젝트는 뉴로테크놀로지가 인간의 행복, 영성, 인지적 자유, 도덕행위에 어떤 영향을 미치는지에 대해 연구하면서, 뉴로신학, 뉴로윤리학, 테크노영성(techno-spirituality) 등에 대한 논의를 촉진하고 있다. 사이보그 붓다 프로젝트에 참여하는 사람들도 크리스천 트랜스휴머니스트 협회(Christian Transhumanist Association)의 웹사이트에 보이는 다음과 같은 질문들에 대한 답을 찾고 있는 것으로 볼 수 있다.

종교와 테크놀로지가 상호 적대적인 것이 될 이유가 없는 것이라면?
신앙과 과학이 함께 협력할 수 있는 것이라면?
과학과 테크놀로지가 종교적 임무의 중요한 부분이 될 수 있는 것이라면?

제임스 호스킨스(James Hoskins)는 2015년 2월 17일자 『그리스도와 대중문화』라는 웹진의 「트랜스휴머니즘은 새로운 영지주의다」라는 글에서 트랜스휴머니즘이 그리스도교 정통사상(Orthodoxy)보다 영지주의(Gnosticism)와 더 많은 공통점들을 지닌다고 주장한다. 특히 영지주의자들이 물질적 세계와 신체적 몸을 무가치한 것으로 여기는 것과 같이, 트랜스휴머니스트들도 탈신체화(disembodiment)를 추구한다고 그는 비판한다. 호스킨스가 예로 드는 것들 중의 하나는 대체음식인 '소이렌트(Soylent)'인데, 그것이 전통적인 방식으로 음식을 만들어서 먹는 행동과 관련된 신체적인 일들로부터 인간을 해방시키기 때문에 트랜스휴머니스트적인 발상의 산물이라는 것이다. 호스킨스에 의하면 이러한 태도는 성(sex)과 같은 행동을 포함한 모든 인간적 상호작용들이 디지털화되는 미래를 유토피아로 보는 것과 같이 탈신체화에 대한 예찬이므로 이것은 그리스도교 정통사상과 다른 영지주의적 태도라고 할 수 있다.

영지주의는 두 개의 분리된 영역들, 즉 물리적/신체적 영역과 영적 영역이 있다고 보며, 물리적/신체적 영역은 악한 것으로서 파괴되어야 하고, 영적 영역은 선한 것으로서 영생의 영역이라고 본다. 기원후 2세기, 3세기에 일부 그리스도교 지도자들은 초기 교회에서도 나타나게 된 이 영지주의 운동을 비판했다. 물질적 세계가 내재적으로 타락한 것이고 신체적 몸은 일종의 감옥과 같은 것이라고 인식하는 이 태도는 플라톤(Platon)을 포함하는 그리스/로마 사상의 영향을 강하게 받은 것으로 판단되고 있다.

한편 미카 레딩(Micah Redding)은 2016년 7월 18일자의 같은 웹진에서 「트랜스휴머니즘이 우리를 그리스도교 정통사상으로 복귀시킬 것인가?」라는 글을 통해 특히 미국의 그리스도교 환경이 영지주의적 경향의 영향을 많이 받았지만 그리스도교 정통사상은 오히려 탈신체화를 추구하지 않으며 영적 영역 혹은 영혼의 불멸성(immortality)이 아니라 몸의 부활(resurrection)을, 그리고 물리적/신체적 영역 혹은 세상으로부터의 회피가 아니라 세상의 구제를 추구하는 것이라고 주장한다. 레딩은 그 글에서 영국의 신학자 톰 라이트(N.T.Wright)의 말을 인용하는데 라이트는 "일부 서구의 그리스도교인들은 현재의 세계를 악한 것으로 보고 유일한 해결책은 이 세계를 떠나 천국으로 가는 것이라고 봄으로써 기원후 2세기의 영지주의적 관점을 수용했다."고 그의 『마침내 드러난 하나님 나라(Surprised by Hope)』라는 제목으로 양혜원에 의해 번역된 저서에서 쓰고 있다. 또한 레딩은 커널 V. 도너(Colonel V. Doner)가 「현대복음주의의 영지주의」에서 "영지주의적 이원론은 전도된 그리스도교이다. 그것은 초기교회와 사도들이 지속적으로 적그리스도(antichrist)라고 부른 패배주의적, 도피주의적, '나쁜 소식' 복음이다. 하나님/하느님의 물리적/신체적 창조(세상과 그 안의 모든 것들)는 악하고, 따라서 단지 파괴되어야 만 하는 것이며 오로지 '영적' 추구만이 참된 가치가 있는 것이라는 이 이원론적 세계관은 19세기, 20세기 복음주의의 광범위한 부면들 에 영향을 미쳤다."고 쓰고 있는 것도 인용한다.

레딩의 주장에 의하면, 창세기에서부터 그리스도교는 물리적/신체 적 세계를 하나님/하느님의 선한 창조물로 여기는데, 비록 악이 침 입했지만 하나님/하느님은 자신의 창조물을 파괴시키는 것이 아니 라 그것을 변형하고 갱신하는 프로젝트를 수행하는 중이며, 그리스 도교인이 된다는 것은 그러한 프로젝트에 참여하는 것을 뜻한다. 즉 아픈 사람들을 고쳐주며, 배고픈 사람들에게 먹을 것을 주고, 갇힌 사람들을 풀어주며, 지금과 나중의 생명을 위해 일하는 것을 뜻한다. 그 점에서 인간조건을 변형시키기 위해 과학과 테크놀로지를 사용 할 수 있고, 사용해야 한다고 보는 트랜스휴머니즘은 그리스도교 정 통사상과 같은 방향성을 지닌다고 할 수 있다. 물론 트랜스휴머니스 트들 중에는 마인드 업로딩(mind uploading)과 같은 탈신체화의 방 향을 모색하는 것도 있지만.

레딩이 주도적으로 활동하고 있는 크리스천 트랜스휴머니스트 협 회의 웹사이트에 실린 내용을 일부 번역하여 소개하면 다음과 같다.

크리스천 트랜스휴머니스트 선서

크리스천 트랜스휴머니스트 협회의 구성원들은 하나님/하느님의 일 에 참여하고 생명을 양육하며 창조 작업을 갱신하는 일에 동참한다.

1. 우리는 하나님/하느님이 인간을 포함한 피조물들의 변형과 갱신에 개입한다고 믿는다. 또한 우리는 그리스도에 의해 그러한 하나님/하느님의 프로젝트에, 즉 질병, 기아, 압제, 불의, 그리고 죽음에 대항하는 일에, 참여하도록 요청받고 있다고 믿는다.

2. 우리는 개인, 공동체, 사회, 세계의 모든 수준들에서 인간성의 모든 차원, 즉 영적, 육적, 정서적, 정신적 차원에서의 성장과 진보를 추구한다.

3. 우리는 과학과 테크놀로지가 탐구와 발견을 위해 하나님/하느님이 우리에게 부여한 원동력의 가시적인 표현이라고 여기며, 하나님/하느님의 형상 속에서 창조된 존재의 당연한 자연적 결과로 인식한다.

4. 우리는 예수 그리스도의 가장 중요한 명령, 즉 "마음과 영혼과 정신과 힘을 다해 주 하나님/하느님을 사랑하라"라는 계명을 따른다.

5. 우리는 테크놀로지를 의도적으로 사용하는 것이 그리스도를 따르는 일과 더불어, 하나님/하느님의 형상대로 창조된 피조물로서의 의미 범위를 횡단하여 우리를 강화시켜 더욱더 인간적으로 만든다고 믿는다.

그리스도교란 무엇인가?

그리스도교는 기원후 1세기에 그리스도로 알려지기도 한 나사렛 예수의 삶과 가르침으로부터 성장한 종교이다. 그리스도교인은 하나님/하느님의 완전한 형상으로 믿어지는 그리스도를 본받고 인간존재의 완벽하고 충분한 구현을 희망하는 사람이다.

트랜스휴머니즘이란 무엇인가?

트랜스휴머니즘은 우리가 자신과 세계를 개선하기 위해 윤리적 방식으로 과학과 테크놀로지를 사용해야 한다는 관념에 기초하여 성장하고 있는 지적 운동이다. '트랜스휴머니즘'이라는 용어는 휴머니즘, 즉 인간생명과 행위주체의 가치를 중심적인 것으로 보는 가르침과 연관된다. 더 나아가 트랜스휴머니즘은 인간의 잠재력은 우리 주변에서 보는 한계들에 의해 제한되지 않으며 우리는 한계들을 극복하고 지속적으로 무한한 미래를 향해 진보해 나가야만 한다고 주장한다.

크리스천 트랜스휴머니즘이란 무엇인가?

크리스천 트랜스휴머니즘은 우리가 그리스도를 닮은 존재가 되어야 한다는 관념과 함께 우리가 과학과 테크놀로지를 윤리적으로 사용하여 세계를 개선해야 한다는 관념을 받아들이며, 그 두 관념들 사이에 강한 유대가 있다고 본다.

봉사와 사랑의 삶을 예증하는 그리스도는 병자들을 치유하며, 배고픈 사람들을 먹이고, 죽은 자들에게 생명을 부여하도록 우리에게 요청한다. 그리스도는 우리가 현재 과학과 테크놀로지라고 부르는 창조성과 학습의 행동들을 구현한다. 그리스도는 인간 본성은 우리가 우리주변에서 보는 것들에 의해 제한되지 않고 지속적으로 펼쳐지는 하나님/하느님의 형상 속에 닻을 내리고 있다는 점을 입증한다.

따라서 그리스도와 같이 된다는 것은 세계를 개선하기 위해 윤리적인 방식으로 과학과 테크놀로지를 사용하는 것을 수반한다.

크리스천 트랜스휴머니스트 협회는 무엇인가?

크리스천 트랜스휴머니스트 협회는 넓게 말하면 다음과 같은 네 가지를 추구한다.

1. 그리스도교와 최첨단 테크놀로지 사이의 적극적 연대를 촉진하는 대화
2. 기독교 전통 속에서 출현하는 테크놀로지 신학
3. 광범위한 트랜스휴머니스트 프로젝트 속에서 적극적이고 관계적인 가치들의 중요성 옹호
4. 세계를 위해 봉사하도록 그리스도교인들을 부르는 적극적인 종교적 비전

왜 '트랜스휴머니스트'라는 용어를 사용하는가?

'트랜스휴머니즘'이라는 용어는 세상의 수십 억 그리스도교인들과

과학과 테크놀로지 분야 최첨단 사상가들 사이의 대화를 위한 시금
석이다. 역사적으로 이 용어는 그리스도교 사상에서 풍부한 배경을
가진다. 1320년경에 영적 변형의 개념에 대한 성찰을 위해 단테
(Dante)에 의해 고안된 용어이다. 현재 이 용어는 인간과 미래주의
적 테크놀로지, 즉 발전된 보철기술, 나노기술, 그리고 인공지능 사
이의 접촉면을 일컫기 위해 흔히 사용된다.

'트랜스휴머니즘'이라는 용어의 역사는?

단테가 1320년경에 쓴 때로 거슬러 올라가는데, 그는 "언어는 그
트랜스휴먼 변화에 대해 말할 수 없을 것이다/따라서 비록 연약해도
예를 들어야 한다."고 쓰고 있다. 이 용어는 그리스도교 역사를 통해
내려오다가 예수회(Jesuit) 사제 겸 고생물학자인 피에르 떼이야르
데 샤르댕(Pierre Teilhard de Chardin)의 저작 속에서 발견된다. 샤
르댕은 1949년에 출간된 『인류의 미래』에서 "자유라는 것은 모든
인간에게 자신의 잠재가능성을 최대한으로 발전시킴으로써 '트랜스
휴머나이징' 할 수 있는 기회가 제공된 것을 말한다."고 쓰고 있다.
떼이야르의 친구인 줄리안 헉슬리(Julian Huxley)가 1957년에 그 용
어를 사용하여 인류의 진행 중인 변형에 대한 철학을 규정하려고 시
도했다. 헉슬리는 "나는 트랜스휴머니즘을 믿는다. 인간 종이 새로
운 유형의 존재의 문턱에 있게 될 것이라고 진정으로 말하는 사람들
이 충분히 많아지면 마침내 인간 종은 진정한 운명을 의식적으로 성
취할 것이다."라고 쓰고 있다. 이것이 세속적 트랜스휴머니즘으로
인도했고, 오늘날 그 용어의 뜻이 되었다.

레딩은 죽은 뒤에 천국으로 가는 것만 강조하는 그리스도교인들이 신약성서 로마서 8장 18절부터 25절의 내용을 무시한다고 비판한다. 특히 8장 22, 23절은 "피조물이 다 이제까지 함께 탄식하며 함께 고통을 겪고 있는 것을 우리가 아느니라. 그뿐 아니라 또한 우리 곧 성령의 처음 익은 열매를 받은 우리까지도 속으로 탄식하며 양자될 것 곧 우리 몸의 속량을 기다리느니라."고 되어 있는데, '몸의 속량'은 신교와 구교가 공동번역한 성서 개정판(1999년)에는 '몸의 해방'으로 되어 있으며, NIV에 나오듯이 영어로는 '되찾음'을 뜻하는 '리뎀션(redemption)'인데, 바울이 쓴 그리스어 원어 '아폴리트로신(apolytrosin)'의 본래적 의미에 대해서도 살펴보아야 하겠지만, 톰 라이트는 『모든 사람을 위한 로마서(신현기 번역)』에서 '부활의 몸'으로 해석하고 있다.

맥스 모어(Max More)는 트랜스휴머니즘은 합리주의에 토대를 둔 생명의 철학으로서 보다 더 높은 힘, 초자연적 실체, 그리고 신앙에 호소하지 않는 독특한 종교로 기능할 수 있다고 본다. 트랜스휴머니즘은 전통적으로 종교가 담당했던 기능들을 수행할 수 있다. 즉 목적의식, 방향감각, 인간이 미래에 현재적 조건보다 더 위대한 어떤 것을 성취할 수 있다고 보는 비전의 제시 등이 그것이다. 트랜스휴머니즘은 신 혹은 초자연적 힘이 아니라 과학과 테크놀로지의 발전을 통한 합리적 사고에 의존한다. 트랜스휴머니스트들은 종교적 제도들이 특권적으로 담당했던 전망, 즉 장수와 영원한 축복이 기술공학적 성취를 통해 미래에 가능해 질 것으로 본다. 그들 사이의 견해 차이도 있고 트랜스휴머니스트 철학이 형성단계이지만, 트랜스휴머니즘은 종교성(religiosity)을 지닌 다른 형태들과 양립가능한 면이 있다. 이와 같은 맥락에서 우리는 제임스 휴즈(James Hughes)가 『트랜스휴머니즘과 몸』(*Transhumanism and the Body*)의 서문에서 제기한 다음과 같은 질문들에 대한 답을 찾아보아야 한다.

> 장수와 향상이 그 자체로서 나쁜 목적인가, 아니면 트랜스휴머니스트들에 의해 나쁜 방식으로 추구되는 좋은 목적인가? 혹은 트랜스휴머니스트들이 종교적 성찰을 지닌다면 더 효과적으로 추구할 수 있는 좋은 목적인가?

> 유기적인 몸을 유지하는 것이 각 종교의 형이상학, 구원론, 종말론에 중요한 것인가?

> "자연적 질서"라는 것의 어떤 부분들이 신에 의해 정해진 것이고, 어떤 것이 변경될 수 있는 것인가?

제임스 휴즈는 트랜스휴머니즘과 신앙 전통들 사이의 훌륭한 화해의 표현으로 라인홀드 니버(Reinhold Niebuhr)의 "평온을 비는 기도"의 앞부분을 인용한다.

> **하나님, 제가 변경할 수 없는 것들을 받아들일 수 있도록 저에게 평온(serenity)을 주시고, 제가 변경할 수 있는 것들을 변경하는 용기(courage)를 주시며, 그 차이를 알 수 있는 지혜(wisdom)를 주십시오.**

종교와 트랜스휴머니즘의 관계, 화합의 가능성, 그리고 화합의 방식에 대해 모색하는 과정을 통해 우리가 변경할 수 있고 변경해야만 하는 것들과 결코 변경하면 안 되는 것들을 구별할 수 있게 되는 것이 중요하다.

주:

Part 01

1) 영국 워윅(Warwick)대학 사회학 교수인 스티브 풀러(Steve Fuller)는 그의 글에서 '트랜스
   휴머니즘 시대라면 대다수는 삶과 죽음 사이에서 신체를 되살린 좀비와 같을 것'이라며
   이에 따라 제기되는 윤리적 문제를 다루고 있다.
   http://ieet.org/index.php/IEET/more/fuller20150909 (2016. 3. 30)

2) Fukuyama, Francis. "The world's most dangerous ideas: transhumanism" 2004.(reprint).
   Foreign Policy (144): 42-43. Retrieved November 14, 2008.

3) Bailey, Ronald. "Transhumanism: the most dangerous idea?" 2004. Reason. Retrieved
   February 20, 2006.

4) 『길가메시 서사시』는 기원전 2750년경에 실재했던 고대 메소포타미아 문명 초기의 수메
   르의 영웅 길가메시(Gilgamesh)왕에 관한 다양한 신화를 종합해 하나의 장대한 서사시로
   엮은 것이다. 이 작품에서 길가메시는 끝내 불멸의 비결을 놓치고 말았지만, 자신의 사명
   을 다하고자 하는 태도를 보임으로써 죽음의 문제와 그 극복의 과정을 담고 있다.

5) 앞서 언급한 그의 글 "A history of transhumanist thought"에서 확인 할 수 있다.

6) Bostrom, Nick (2002-2005). "The Transhumanist FAQ" (PDF). World Transhumanist
   Association. Archived from the original (PDF) on 31 December 2006. Retrieved 27 August
   2006.

7) Carvalko, Joseph (2012). The Techno-human Shell-A Jump in the Evolutionary Gap.
   Sunbury Press. ISBN 978-1620061657.

8) Gelles, David. "Immortality 2.0: a silicon valley insider looks at California's Transhumanist
   movement". Archived from the original on May 12, 2012. Retrieved April 14, 2012.

9) 결정학(crystallography)이란 결정의 기하학적인 특징과 광학적인 성격, 물리적 성질, 화학
   적 성질 등을 연구하는 학문을 뜻하며, 오늘날 결정학은 고체물리학, 화학에서 다루어진다.

10) Clarke, Arthur C. Greetings, Carbon-Based Bipeds. 2000. St Martin's Griffin, New York.

11) Harrison, Peter and Wolyniak, Joseph. "The History of 'Transhumanism'" 2015. Notes
    and Queries 62 (2015), 465-7.

12) Huxley, Julian. "Transhumanism" 1957. Retrieved February 24, 2006.

13) Christopher Hutton. "Google's Glass Castle: The Rise and Fear of a Transhuman Future".
    PopMatters.

14) Lin, Zhongjie (2010), p. 24

15) Lin, Zhongjie (2010). Kenzo Tange and the Metabolist Movement: Urban Utopias of
    Modern Japan. Routledge. pp. 35-36.

16) 하지만 맥스 모어는 이 '특이점' 개념을 거부했다. 모어에 따르면 "특이점 개념은 몇 년
    동안 매우 걱정되는 개념이었다. 그것은 서구 문명의 사람들에게 어필하는 전통적인 종
    교적, 기독교적 스타일이며 종말론 개념이다. 그리고 또한 비상식적이다. …… 특이점
    개념은 소극적이고 숭배적인 것으로 이끄는 개념의 모든 특징을 가지고 있다. 그것이
    이루어지기에는 엄청난 양의 노력이 필요하고, 특이점은 우리를 동떨어진 어디로 데리

고 가지 않는다는 지적 자기위안이 필요하다."(사이보그 시티즌, 173)

17) Singularity hypotheses: A Scientific and Philosophical Assessment. Dordrecht: Springer. 2012. pp. 1-2. ISBN 9783642325601.

18) EZTV는 영화학자, 작가, 프로듀서인 존 도어(John Dorr)가 영화제작자, 배우, 작가, 음악가, 예술가들과 함께 1979년, 로스앤젤레스에 설립한 제작회사이자 박람회장이다.

19) Vita-More, Natasha. "Radical body design Primo Posthuman." Kurzweil Accelerating Intelligence, 25 Feb 2002. Web. 19 Sept 2017.

20) "Membership and Applicant Growth". Alcor.org. Retrieved 2017-03-03.

21) Quigley, Christine (1998). Modern Mummies: The Preservation of the Human Body in the Twentieth Century. McFarland. p. 143. ISBN 0-7864-0492-2.

22) "Dying is the last thing anyone wants to do - so keep cool and carry on". The Guardian. 10 October 2015. Retrieved 21 February 2016.

23) More, Max. "The Principles of Extropy in Brief." Extropy Institute, Vers. 3.11, 2003. Web. 19 Sept 2017.

24) Duane, Diane. "The Wounded Sky" (1983)

25) 여기서 '밈'이란, 영국 진화생물학자 리처드 도킨스(Richard Dawkins)가 그의 저서 『이기적 유전자(The Selfish Gene, 1976)』에서 제시한 개념이다. 이 책에서 그는 "문화는 유기체들과 마찬가지로 진화한다"는 밈 이론을 주장하는데, 밈은 유기체들의 유전자에 해당하는 문화의 기본 단위로서 이러한 밈들이 모여 복합체를 형성한 것이 바로 '밈 복합체'이다. 복거일. 「자유민주주의 쇠하고 민중주의 득세한 이유는 '밈'」, 데일리안, 2017년 10월 25일. Web. 2017년 9월 19일 <http://www.dailian.co.kr/news/view/669188/?sc=naver>25) Ford, Alyssa (May-June 2005). "Humanity: The Remix". Utne Magazine. Retrieved March 3, 2007. <https://www.utne.com/community/humanity-the-remix>

26) "Transhumanist Declaration."Humanity+, Web. 19 Sept 2017.

27) Humanity+. "What is Transhumanism?". Retrieved December 5, 2015.

28) Prisco, Giulio. 2012.

29) 몰몬교는 1820년대 조셉 스미스(Joseph Smith)가 북부 뉴욕 주(upstate New York)에 창설한 말일 성도 예수그리스도 교회(The Church of Jesus Christ of Latter-day Saints, 이하 'LDS')의 주요 분파로, 몰모니즘과 관련된 종교적, 문화적 단체이다. 오늘날, 대다수의 몰몬교는 LDS의 신자들로 알려져 있다.

30) 박영숙, 「칼럼 - 미래 정치, 정당은 어떤 모습을 하나?」, 패션저널&텍 스타일라이프, 2015년05월07일, Web. 2017년 9월 19일.

31) Hook, Christopher (2004). "Transhumanism and Posthumanism" (PDF). In Stephen G. Post. Encyclopedia of Bioethics (3rd ed.). New York: Macmillan. pp. 2517-2520. ISBN 0-02-865774-8. OCLC 52622160.

32) Winner, Langdon (Fall 2002). "Are Humans Obsolete?" (PDF). The Hedgehog Review. virginia.edu. Archived from the original (PDF) on September 10, 2008. https://web.archive.org/web/20080910161220/http://www.virginia.edu/iasc/HHR_Archives/Technology/4.3DWinner.pdf

33) Coenen, Christopher (2007). "Utopian Aspects of the Debate on Converging Technologies"

(PDF). In Gerhard Banse; et al. Assessing Societal Implications of Converging Technological Development (1st ed.). Berlin: edition sigma. pp. 141-172. ISBN 978-3-89404-941-6. OCLC 198816396.

34) Moravec, Hans (1998). "When will computer hardware match the human brain?". Journal of Evolution and Technology 1. Retrieved June 23, 2006.

35) "문화적 포스트휴머니즘"은 르네상스 휴머니즘과 그 유산(遺産)의 기본적 가정들의 문화 비평이론의 한 갈래를 의미한다.

36) Hayles, N. Katherine (1999). How We Became Posthuman: Virtual Bodies in Cybernetics, Literature, and Informatics. University Of Chicago Press. ISBN 0-226-32146-0. OCLC 186409073.

37) Inniss, Patrick. "Transhumanism: The Next Step?" Archived from the original on November 6, 2007. https://web.archive.org/web/20071106102151/http://www.secularhumanism.org:80/library/aah/inniss_8_4.htm

38) 서양에서의 모더니티는 르네상스 이후의 산업, 과학, 기술의 발달에 의한 근대화를 통해, 그리고 이성의 능력에 대한 믿음, 기계론적 자연관, 진보의 이념과 같은 계몽주의 사상의 근본적 전제들에 의해 형성된 것이라고 할 수 있다. 그런데 세계의 탈주술화/탈미신화와 형식적 합리성의 극대화, 즉 베버적 뜻에서의 세속화/합리화의 과정으로서의 현대는 수단과 목적을 전도하기 쉬운 도구적 이성을 지나치게 강조하게 되었으며, 특히 진보의 이념에 수반된 기술의 발달은 규격화된 대량생산 과정에서의 인간의 물화와 노동의 소외, 그리고 생태계의 파괴라는 부정적인 결과를 초래했다. 또한 그 진보의 이념은 서양을 중심으로 현실화됨으로써 주변화(타자화)된 민족들에 대한 억압의 논리로 변질된 면이 있는 것도 사실이다.(정형철. 『영미문학비평과 포스트모던 이론』. 부산외국어대학교 출판부. 2016. 224p)

39) Winner, Langdon. "Resistance is Futile: The Posthuman Condition and Its Advocates". In Harold Bailie, Timothy Casey. Is Human Nature Obsolete?. Massachusetts Institute of Technology: M.I.T. Press. pp. 385-411. ISBN 0262524287.

40) http://genity.org/

41) Humanity+. "What is Transhumanism?" Retrieved December 5, 2015. http://whatistranshumanism.org/

42) 윤리학과 가치 이론에서 완전론은 정신적, 영적, 신체적, 물질적 존재로서의 최상의 질을 얻고자 하는 의지의 고집을 뜻한다. 완전론자는 필수적으로, 어떤 한 사람이 완벽한 생이나 삶의 상태를 얻게 된다고 믿지는 않는다. 네오 아리스토텔레스 학자인 토마스 홀카(Thomas Hurka)는 "이 도덕 이론은 좋은 삶과 본질적으로 바람직한 삶 때문에 생겨났으며 이러한 삶을 특정한 방법으로 특징짓는다."고 한다.(Perfectionism. Oxford University Press, 1993 p. 3.)

43) Bostrom, Nick (2002). "Existential risks: analyzing human extinction scenarios" Retrieved February 21, 2006. http://www.nickbostrom.com/existential/risks.html

44) Pellissier, Hank. "Do all Transhumanists Want Immortality? No? Why Not?" Futurist 46.6 (2012): 65-. Web.

45) Bostrom, Nick & Sandberg, Anders (2007). "The Wisdom of Nature: An Evolutionary Heuristic for Human Enhancement" (PDF). Retrieved September 18, 2007.

http://www.nickbostrom.com/evolution.pdf

46) Hughes, James (2002). "The politics of transhumanism". Retrieved December 14, 2013. http://www.changesurfer.com/Acad/TranshumPolitics.htm

47) Tennison, Michael (2012). "Moral transhumanism: the next step" 37 (4). J Med Philos: 405–416.

48) "2045: The Year Man Becomes Immortal" Time Magazine, February 2011.

49) Walker, Mark Alan (March 2002). "Prolegomena to any future philosophy". *Journal of Evolution and Technology* 10 (1). ISSN 1541-0099. Retrieved March 2, 2006. http://www.jetpress.org/volume10/prolegomena.html

50) Warwick, K et al (2003). "The Application of Implant Technology for Cybernetic Systems". Archives of Neurology 60.

51) Kurzweil, Raymond (1993). The 10% Solution for a Healthy Life. Three Rivers Press.

52) Kurzweil, Raymond (2004). Fantastic Voyage: Live Long Enough to Live Forever. Viking Adult. ISBN 1-57954-954-3. OCLC 56011093.

53) Naam, Ramez. More Than Human: Embracing the Promise of Biological Enhancement. Broadway Books. 2005.

54) Sandberg, Anders (2001). "Morphological freedom -- why we not just want it, but *need* it". Retrieved February 21, 2006. http://www.aleph.se/Nada/Texts/MorphologicalFreedom.htm

55) The Royal Society & The Royal Academy of Engineering (2004). "Nanoscience and nanotechnologies (Ch. 6)" (PDF). Retrieved December 5, 2006.

56) 영국 마블사에서 출판된 만화책에 등장하는 슈퍼솔저는 생명공학을 이용하여 변형된 개인들로 구성되는 것으로 그려져 있다.

57) Moreno, Jonathan D. Mind Wars: Brain Research and National Defense. Dana Press. 2006.

58) McIntosh, Daniel. "Human, Transhuman, Posthuman: Implications of Evolution-by-design for Human Security". Journal of Human Security 4 (3): 4–20. December 2008. 재인용.

59) Sandberg, Anders; Boström, Nick (2008). Whole Brain Emulation: A Roadmap (PDF). Technical Report #2008-3. Future of Humanity Institute, Oxford University. Retrieved April 5, 2009. "The basic idea is to take a particular brain, scan its structure in detail, and construct a software model of it that is so faithful to the original that, when run on appropriate hardware, it will behave in essentially the same way as the original brain."

60) Hughes, James. Citizen Cyborg: Why Democratic Societies Must Respond to the Redesigned Human of the Future. Westview Press. (2004)

61) Richardson, Niall. Locks, Adam. Body Studies: The Basics, Routledge, 94p, 2014.).

62) "Transhumanism 101: Defying Human Nature One Cyborg Limb at a Time". Breitbart. http://www.breitbart.com/big-journalism/2013/12/25/transhumanism-101-defying-human-nature-one-cyborg-limb-at-a-time/

63) Reynolds, Ann. "Cheat the End". Huffington Post. http://www.huffingtonpost.com/ann-reynolds/cheat-the-end_b_3397188.html

64) "Dan Brown on 'Inferno': 'I just spent 3 years in hell'". Today.

65) 『캡틴 아메리카(Captain America, 1941)』, 『아이언 맨(Iron Man, 1963)』, 『트랜스메트로폴리탄(Transmetropolitan, 1997)』, 『써로게이츠(The Surrogates, 2006)』 등이 있다.

66) 『2001: 스페이스 오딧세이(2001: A Space Odyssey, 1968)』, 『블레이드 러너(Blade Runner, 1982)』, 『가타카(Gattaca, 1997)』, 『엑스 마키나(Ex Machina, 2015)』 등이 있다.

67) 『닥터 후의 사이버 맨(The Cyberman of Doctor Who, 1966)』, 『스타 트랙: 다음 세대의 보그(the Borg of Star Trek: The Next Generation, 1989)』, 『배틀스타 갤럭티카(Battlestar Galactica, 2003)』 등이 있다.

68) 『은하철도 999(Galaxy Express 999, 1978)』, 『애플시드(Appleseed, 1985)』, 『공각기동대(Ghost in the Shell, 1989)』, 『신세기 에반게리온(Neon Genesis Evangelion, 1995)』, 『건담의 메타시리즈(Gundam meraseries, 1979)』 등이 있다.

69) 『메탈 기어 솔리드(Metal Gear Solid, 1998)』, 『데이어스 EX(Deus Ex, 2000)』, 『바이오쇼크(BioShock, 2007)』, 『하프 라이프2(Half-Life 2, 2004)』, 『크라이시스(Crisis, 2007)』, 『데이어스 EX : 휴먼 레볼루션(Deus Ex: Human Revolution, 2011)』 등이 있다.

70) 「Pros/Cons」, *Germline gene therapy*. Web. 19 Oct 2017.
<https://sites.google.com/site/unstsummer2015ggt/pros-cons>

71) McKibben, Bill. Enough: Staying Human in an Engineered Age. Times Books. 2003.

72) Newman, Stuart A. (2003). "Averting the clone age: prospects and perils of human developmental manipulation". J. Contemp. Health Law & Policy. 19: 431. Retrieved September 17, 2008.

73) Otchet, Amy (1998). "Jeremy Rifkin: fears of a brave new world". Archived from the original on September 10, 2005. Retrieved February 20, 2006.

74) Lee, Keekok (1999). The Natural and the Artefactual. Lexington Books.

75) Darnovsky, Marcy (2001). "Health and human rights leaders call for an international ban on species-altering procedures".

76) Cartlidge, Edwin. "One Minute with... Giuseppe Vatinno." New Scientist 215.2882 (2012):25-.

77) Bailey, Ronald. "Enough Already". Reason. Retrieved May 31, 2006.

78) Stock, Gregory. Redesigning Humans: Choosing our Genes, Changing our Future. Mariner Books, 2002.

79) McKibben, Bill. Enough: Staying Human in an Engineered Age. Times Books. 2003.

80) Silver, Lee M. Remaking Eden: Cloning and Beyond in a Brave New World. Harper Perennial. 1998.

81) Hughes, James. Citizen Cyborg: Why Democratic Societies Must Respond to the Redesigned Human of the Future. Westview Press. 2004.

82) Hughes, James. Citizen Cyborg: Why Democratic Societies Must Respond to the Redesigned Human of the Future. Westview Press. 2004.

83) 『멋진 신세계』에 등장하는 아이들의 허구적 게임이다.

84) Kass, Leon. "Preventing a Brave New World: why we must ban human cloning now". The New Republic. May 21, 2001.

85) Fukuyama, Francis. "The world's most dangerous ideas: transhumanism" September-

October 2004. Foreign Policy (144): 42-43. Retrieved November 14, 2008.

86) Habermas, Jürgen. The Future of Human Nature. Polity Press. 2004.

87) Platt, Charles. "Superhumanism". Retrieved December 5, 2006.

88) Bailey, Ronald. "Transhumanism: the most dangerous idea?". Reason. Retrieved February 20, 2006.

89) Blackford, Russell. "Who's afraid of the Brave New World?". Archived from the original on August 23, 2006. Retrieved February 8, 2006.

90) 이한승. 「美노스캐롤라이나, 강제불임 피해자에게 111억 보상」, 연합뉴스, 2013년 7월 26일. Web.

91) Agar, Nicholas (2004). Liberal Eugenics: In Defence of Human Enhancement. ISBN 1-4051-2390-7.

92) Witzany, G. (2016). "No time to waste on the road to a liberal eugenics?" EMBO Report 17: 281.

93) "Regulating Eugenics". Harvard Law Review. 2008. Retrieved May 2, 2015.

94) Eskow, RJ (2007). "Homo Futurus: How Radically Should We Remake Ourselves - Or Our Children?". Retrieved 2007-02-02.

95) Arnall, Alexander Huw (2003). "Future technologies, today's choices: nanotechnology, artificial intelligence and robotics" (PDF). Greenpeace U.K. Archived from the original (PDF) on April 14, 2006. Retrieved April 29, 2006.

Part 02

96) 스테판 로렌즈 소그너(Stefan Lorenz Sorgner:1973~): 독일 출생. 메타휴머니스트 철학자. 신기술 분야의 권위자로 대표저서로는 Metaphysics Without Truth: On the Importance of Consistency Within Nietzsche's Philosophy 가 있다.

97) 제임스 휴즈(James Hughes:1961~): 미국 출생. 사회학자. 윤리 및 신흥 기술 연구소의 전무 이사. 트리니티 대학(Trinity College)에서 건강 정책(health policy)을 가르치고 있다.

98) 프란체스카 페르란도 (Francesca Ferrando): 뉴욕 대학 교수. 철학 박사 (논문 제목: The Posthuman: Philosophical Posthumanism and Its Others). 2012년 Ted talks에서 처음으로 '포스트휴먼'에 대한 주제로 강연을 했다.

99) 프란체스카 페르란도, "Posthumanism, Transhumanism, Antihumanism, Metahumanism, and New Materialisms: Differences and Relations," Existenz 8/2 (Columbia University Press, 2013), 26-32.

100) 닉 랜드(Nick Land:1962~): 영국 출생. 철학자이자 단편 공포 소설 작가.

101) 테드 스카츠키(Ted Schatzki): 켄터키 대학 지리학 및 철학 교수. 하버드에서 응용수학을 전공하고, UC 버클리에서 철학 박사 학위를 받았다. 대표적 저서로는 Social Practices (1996), The Site of the Social (2002), Martin Heidegger: Theorist of Space (2007), The Timespace of Human Activity (2010)가 있다.

102) 헤르만 도예베르트(Herman Dooyeweerd: 1894-1977): 네덜란드 출생. 철학자로 기독교 철학의 이념 개발에 전념하였고 1932년에서 1936년 걸쳐 『우주 개념 철학』 저술하였다.

103) 스콜라 철학(Scholasticism): 중세 유럽의 그리스도교 사상가들의 철학체계로 1~8세기경 초기 그리스도교의 교리(敎理)를 그리스 철학에 기초하여 합리적으로 설명하려는

철학이다. (출처: 인문학 공동체 에피쿠로스 http://www.epicurus.kr/Humanitas/387147)

104) 도예베르트는 서양 문화의 원천적인 뿌리를 드러낼 뿐만 아니라 기독교적 관점에서 현대의 세속화된 문화를 개혁하고 대안을 제시하기 위해 종교적 기본 동인 사상을 발전시켰다. 그는 종교적 기본 동인으로 서양 철학 및 문화 전반에 대해 선험적 비판을 시도했다. (출처: 한동 신문사 http://hgupress.tistory.com/3503)

105) 인간과 인간이 아닌 것, 탐구의 대상이자 법 영역(law-spheres)에 모든 것이 존재하거나 발생할 수 있는 틀(law-side)을 구성하는 것으로 우리의 관찰과 경험조차도 가능하게 되는 틀이다. 이는 실체(entities)가 작동하는 방식과 관련이 있다.

106) 현실의 두 가지 측면 (Two Sides of Reality): 법칙 면(Law-Side)과 전체 면 (Entity-Side).

107) 이합 핫산(Ihab Hassan: 1925~2015): 이집트 출생. 인문학자이자 포스트모더니즘의 주요 선전가로 본인의 포스트모더니즘에 관한 글을 모아 『포스트모더니즘: 이합 핫산의 문화 및 문학이론』을 출간했다.

108) 이합 핫산 "Prometheus as Performer:Toward a Postmodern Culture?" (1977).

109) 로버트 페퍼럴(Robert Pepperell:1963~): 영국출생. 아티스트, 작가. Cardiff Metropolitan 대학 교수. 예술, 과학, 철학에 관한 관념을 통해 인간 의식과 경험, 인간이 무엇인가를 이해하고자한다. 대표저서로는 『포스트휴먼의 조건(The posthuman condition), 『포스트 디지털의 막(The postdigital membrane) 등.

110) A priori: 철학용어로 '선천적으로'라는 의미. (A posteriori: 후천적으로)

111) 데카르트(Rene Decartes:1596~1650): 프랑스 철학자. 수학자이자 과학자. 근대 서양 철학의 아버지라고 불리며 합리적이고 과학적인 자연관을 가지고 정신세계를 강조하였다.

112) 미셸 푸코(Michel Foucault:1926~1984): 프랑스 출생. 철학자, 사회 이론가이자 문학 비평가로 주로 권력과 지식의 관계를 다루었다. 그는 후기 구조주의자 또는 포스트모더니스트라고 종종 인용되었지만, 이를 거부하며 자신의 생각을 근대성의 비평적인 역사로 제시하고자 했다.

113) 케서린 헤일즈(Katherine Hayles:1943~): 미국 출생. 포스트모던 문학 및 사회 비평가. 듀크 대학(Duke University) 교수로 문학 및 과학 분야, 전자 문학과 미국 문학에 많은 기여를 했다.

114) 한스 모라벡(Hans Moravec:1948~): 오스트리아 출생. 미래학자. 로봇공학과 인공지능 분야의 전문가로 카네기 멜론 대학의 로봇공학 연구소(Robotics Institute of Carnegie Mellon University)의 교수로 재직 중이다.

115) 도나 해러웨이(Donna Haraway:1944~): 미국 출생. 과학기술 분야 전문가. UC 산타크루즈 대학 명예 교수. 과학과 페미니즘에 대한 수많은 저서와 에세이를 썼다. 대표 저서는 『사이보그 선언 : 과학, 테크놀로지, 사회주의 - 페미니즘 20 세기 후반(1985)』.

116) 사이보그(cyborg): 사이버네틱스(Cybernetics)와 오가니즘(Organism)의 합성어. 이 용어는 1960년 맨프레드 글라인스(Manfred Clynes)와 네이든 클라인(Nathan Kline)의 『사이보그와 우주(Cyborgs and Space)』에서 사용되었다.

117) 케빈 워릭(Kevin Warwick:1954~): 영국 출생. 로봇공학 전문가. 인공지능, 생명 의학 공학, 제어 시스템 및 로봇공학 분야의 연구, 600여 편의 연구 논문의 저자 또는 공동 저자이다.(www.kevinwarwick.com)

118) 프라모드 나야르(Pramod K. Nayar:1970~): 인도 출생. 인도 하이데라바드 대학교 (University of Hyderabad) 영어학과에서 강의 중으로 최근 저서로는 『인도의 그래픽 소설 : 민족, 역사와 비평(The Indian Graphic Novel: Nation, History and Critique,

2016)』이 있고, 인권 및 문학에 관한 책들을 저술했다.

119) 인간 예외주의(human exceptionalism): 인간이 유일한 창조물이라는 생각.

120) 인간 도구주의(human instrumentalism): 인간이 자연계를 통제할 수 있는 권리를 가진다는 생각.

121) 폴 제임스(Paul James:1958~): 호주 출생. 웨스턴 시드니 대학 교수이자 Arena Journal의 편집자.

122) 폴 제임스(Paul James), 'Alternative Paradigms for Sustainability: Decentring the Human Without Becoming Posthuman' (2017).

123) 샤넌 벨(Shannon Bell: 1955~): 캐나다 출생. York University 교수이자 실험적 퍼포먼스 철학자.

124) 경제 자유주의(Economic liberalism)는 개개인의 노선으로 조직된 경제 시스템으로, 집단적 기관이나 단체보다는 개인이나 가정이 최대한 경제적 결정을 많이 하는 가능성을 의미한다.

Part 03

125) 사이버네틱 올가니즘(cybernetic organism), 즉 "사이보그"라는 용어는 1960년에 신경과학자 겸 발명자인 맨프레드 클라인즈(Manfred Clynes)와 심리치료사 네이던 클라인(Nathan Cline)이 「우주의 사이보그들」(Cyborgs in Space)이라는 제목의 글을 발표함으로써 처음 사용되기 시작했다(Richardson 102).

126) "'비판적'이라는 용어는 이중적 의미를 갖는다. 한편으로는 급진적으로 변해가는 기술문화에 대한 개방성을 강조하고, 다른 한편으로는 휴머니즘에 대한 비판적이며 부분적으로는 휴머니즘 전통에서 발생하여 이미 오랫동안 존속하는 사고방식의 연속성을 강조한다. 그러므로 새로운 도전을 살펴보면서 때로는 기존의 급진적인 반휴머니즘적 비판을 읽어내는 것이 중요하다."(헤어브레히터 14)

127) 현재 통용되는 것과 같은 뜻에서의 "트랜스휴머니즘"은 미래학자 FM-2030이 처음 사용했다. 이 미래학자는 2030년에 100세가 되는 것을 기념하기 위해 그리고 인류 문명에서 가장 인습적이고 인종차별적인 "이름"이라는 제도로부터 벗어나기 위해 이 필명을 사용했다. 그는 2030년은 인류 역사상 기념비적인 해가 될 것이라 확신하면서, 2030년에 이르면 인간은 더 이상 늙지 않고 영원히 살게 될 것이라고 믿었다. 하지만 그는 70세를 일기로 2000년 7월 8일 췌장암으로 사망했다. 그의 유언대로 그의 시체는 지금까지 애리조나 주에 있는 알코 생명연장재단에 냉동 보관되어 영생을 꿈꾸고 있다. 트랜스휴머니즘 사상가들은 인류가 더 확장된 능력을 갖춘 존재로 자신들을 변형시킬 것이라고 예언하면서, 이렇게 변형된 인간을 "포스트휴먼"으로 이름붙였다. 그래서 트랜스휴머니즘과 포스트휴머니즘은 같은 뜻으로 쓸 때도 있다.

128) 트랜스휴머니스트들은 1980년에 미국 로스앤젤레스 캘리포니아 대학교(UCLA)에서 모임을 갖기 시작했다. "프리모 포스트-휴먼(primo post-human)"이란 개념으로 인간 신체를 혁신하고자 했던 예술가 나타샤 비타-모어(Natasha Wita-More)는 1982년 「트랜스휴머니스트 예술 성명서」를 발표했고, 1988년에는 철학자 맥스 모어(Max More)가 톰 모로우(Tom Morrow)와 함께 엑스트로피 매거진을 발행했다. 2년 뒤에 모어는 "엑스트로피 원리"(Principles of Extropy)를 제시하면서 트랜스휴머니즘을 제창하고 트랜스휴먼 개념을 구성해내면서 트랜스휴머니즘의 토대를 구축했다(김연순 289).

129) 다른 3개의 선언 내용은 다음과 같다. 6. 정책결정은 책임 있고 포괄적인 도덕적 비전에 따라 이루어져야 한다. 기회와 위험을 동시에 진지하게 고려하고, 자율과 개인의 권

리를 존중하며, 전 지구의 모든 사람들의 이익과 존엄에 대한 관심과 연대를 보여주어야 한다. 또한 우리는 미래에 존재할 세대에 대한 도덕적 책임도 고려해야만 한다. 7. 우리는 인간과 인간 아닌 동물(nonhuman animals), 그리고 미래의 모든 인공적 지능체(artificial intellects), 변형 생명체(modified life forms), 또는 기술과 과학의 진보로 인해 등장할 수 있는 모든 지성적 존재를 포함해서 모든 "지각력을 가진 존재"(sentience)의 복지를 옹호한다. 8. 우리는 삶을 살아가는 방식에 대한 폭넓은 개인적 선택을 허용한다. 여기에는 기억, 집중력, 정신적 에너지를 보조하기 위해 개발될 기술의 사용을 비롯해서, 생명연장 요법들(life extension therapies), 생식에 관한 선택 기술(reproductive choice technologies), 인체 냉동보존술(cryonics procedures), 그리고 인간 변형(human modification) 및 능력향상(enhancement)을 위한 많은 가능한 기술들이 포함된다 (More 54-55). 이 8 항목들 중에서 7번째 내용은 우리가 포스트휴머니스트 윤리의 특징이라고 보는 반인간중심주의적 태도를 보여준다.

130) 후쿠야마는 2002년 발표한 『포스트휴먼 미래(Our Posthuman Future)』와 2004년 『포린 폴리시(Foreign Policy)』 잡지에 기고한 기사에서 트랜스휴머니즘을 세상에서 가장 위험한 발상으로 지명했다(144). 왜냐하면 그는 트랜스휴머니즘은 민주주의의 평등주의 이상, 특히 자유민주주의의 평등주의를 "인간본성(human nature)"의 근본적인 개조로 약화시킬 것이라고 믿기 때문이다. 후쿠야마는 "[……] 자연(nature) 그 자체, 그리고 특히 인간본성은 우리가 옳고 그른 것, 맞고 틀린 것, 중요하고 중요하지 않은 것을 규정하는 데에 특별한 역할을 한다."라고 보고 생명공학이 야기하는 심각한 위협은 그것이 인간본성을 변경시킴으로써 '포스트휴먼', 즉 탈인간의 역사 단계로 진입시킬 가능성이 있다고 본다(Our Postnuman 7).

131) 앤더스 샌드버그(Anders Sandberg)는 이 용어를 "인간 몸에 대한 인간의 권리 확장, 개인의 욕망에 따라 그 자신의 몸을 변형할 수 있는 권리"를 뜻하는 것으로 사용한다. <http://www.aleph.se/Nada/Texts/MorphologicalFreedom.htm>

132) 이것은 예를 들어, 스테로이드를 사용한 운동선수들이 경기에서 스테로이드를 사용하지 않은 선수들보다 우위에 있는 것과 같은, 스테로이드 사용과 비견될 수 있다. 또한 사람들이 일터에서나 교육적 면에서 특정 신경 삽입물을 주입함으로써 우위에 있게 될 때 생기는 문제도 있다.

133) 이 논의에 대한 이해를 위해서는 크리스천 트랜스휴머니스트 협회(Christian Transhumanist Association)의 강령들을 살펴볼 필요가 있다. 1. 우리는 신의 미션이 인간을 포함한 피조물들의 변형과 갱신을 수반한다고 믿는다. 2. 우리는 우리의 인간성의 모든 차원들, 즉 영적, 육적, 정서적, 정신적 차원을 따른 성장과 진보를 추구한다. 3. 우리는 과학과 기술을 신으로부터 부여받은, 탐구와 발견을 위한 욕구의 실제적 표현이라고 본다. 4. 우리는 신과 이웃을 사랑하라는 예수의 가장 큰 명령의 인도를 받는다. 5. 우리는 그리스도를 따르는 것과 함께 기술의 의도적 사용이 우리가 더욱 인간적인 상태로 되도록 강력하게 한다고 믿는다. <http://www.christiantranshumanism.org>

134) "포스트휴머니즘이 반휴머니즘적 사고와 연결된다 하더라도 포스트휴머니즘은 이 반휴머니즘과 뚜렷이 구분된다. [……] 반휴머니스트들이 인간중심주의적인 헤게모니를 적극적으로 지원하는 반면에 포스트휴머니스트들은 '인간'이 몰락하고 있거나 이미 몰락했다는 견해를 보인다. 이것은 포스트휴머니즘이 휴머니즘의 몰락과 사라짐을 하나의 기정사실로 받아들이고 있음을 의미한다."(헤어브레히터 69).

135) 로널드 보그(Ronald Bogue)는 "강도는 전체적인 물리계에서는 안정 상태에서 준안정 상태로의 추이로, 생물계에서는 특수화(종의 특징들의 결정)와 개별화(기관들의 결정)의 동시적 과정으로, 그 자체를 나타내면서 질과 양으로 펼쳐지는 차이 그 자체로서의

에너지이다."(63)라고 설명한다.

136) "'숭고'는 모든 범주를 뛰어넘는 경험들을 다루는 범주이다. 그것은 결코 명명이 불가능하기 때문에 절대적 테러 또는 절대적 신성으로 묘사될 수 있는 경험을 가리키는 자기부정적인 이름이다. [……] 숭고는 우리가 가진 이성의 규칙들을 비웃는 측정불가능하고 예측할 수 없으며, 궁극적으로는 우리를 침울하게 만드는 것의 표식이다."(커니 166-67).

137) 버크는 1757년의 미학논문인 「숭고와 미에 대한 우리의 관념의 기원에 대한 철학적 탐구」에서 미학적으로 즐거움을 주는 잘 형식화된 것을 '미'로 보고 우리를 파괴시킬 수도 있는 것을 '숭고'로 본다. 그에 의하면 '미'보다 '숭고'를 선호한 것이 신고전주의에서 낭만주의로의 이전의 표식이다. Edmund Burke, A Philosophical Inquiry Into the Origin of Ideas of the Sublime and Beautiful (Floyd: SMK Books, 2015) 참조.

138) 칸트는 『판단력 비판(Critique of Judgement)』에서 이 과정을 요약한다. 진정한 숭고는 자연의 대상 속에서가 아니라 다만 판단하는 주체의 마음속에서만 찾을 수 있다는 것이다. 이런 맥락에서 칸트의 관념주의 혹은 인간 상상력의 형성력에 대한 그의 믿음은 가장 중요한 낭만주의 미학 원리들 중의 하나가 된다.

<인용문헌>

Arnall, Alexander Huw (2003). "Future technologies, today's choices: nanotechnology, artificial intelligence and robotics" (PDF). Greenpeace U.K. Archived from the original (PDF) on April 14, 2006. Retrieved April 29, 2006.

Badmington, Neil. "pod Alighty!; Or Humanism, Posthumanism, and the Strange Case of *Invasion of the Body Snatchers*", *Textual Practice* 15.1 (2001): 5-22.

Bailey, Ronald. "Enough Already". Reason. Retrieved May 31, 2006.

Bailey, Ronald. "Transhumanism: the most dangerous idea?". Reason. Retrieved February 20, 2006.

Black, Edwin. <Eugenics and the Nazis -- the California connection> San Francisco Chronicle section. November 9, 2003

Bogue, Ronald. *Deleuze and Guattari.* New York: Routledge, 1989.

Bostrom, Nick. "A history of transhumanist thought" (PDF). Journal of Evolution and Technology. Retrieved February 21, 2006.
"Why I Want to be a Posthuman When I Grow Up" (PDF).
Retrieved December 10, 2007.
http://www.nickbostrom.com/posthuman.pdf

Bostrom, Nick. *Why I Want to be a Posthuman When I Grow Up*, 2008.

Braidotti, Rosi. *The Posthuman.* Cambridge: Polity P, 2013.

Campbell, Heidi; Walker, Mark Alan (2005). "Religion and transhumanism: introducing a conversation". Retrieved March 21, 2006.

Deleuze, Gilles and Felix Guattari. *A Thousand Plateaus.* Minneapolis: U of Minnesota P, 1987.

Evans, Woody (2014). "If You See a Cyborg in the Road, Kill the Buddha: Against Transcendental Transhumanism". Retrieved October 14, 2014.

Ferrando, Francesca. "Posthumanism, Transhumanism, Antihumanism, Metahumanism, and New Materialisms: Differences and Relations", *Existenz* 8.2 (2013): 26-32.

Ford, Alyssa (May‐June 2005). "Humanity: The Remix". Utne Magazine.

Retrieved March 3, 2007.
http://humanityplus.org/philosophy/transhumanist-declaration/

Foucault, Michel. *The Order of Things.* London: Routledge, 1966.

Fukuyama, Francis. *Our Posthuman Future: Consequences of the Biotechnology Revolution.* New York: Picador, 2003.

Garreau, Joel (2006). Radical Evolution: The Promise and Peril of Enhancing Our Minds, Our Bodies -- and What It Means to Be Human. Broadway. ISBN 0-7679-1503-8. OCLC 68624303.

Good, Irving John. "Speculations Concerning the First Ultraintelligent Machine" (HTML Archived November 28, 2011, at the Wayback Machine.), Advances in Computers, vol. 6, 1965.

Guattari, Felix. *Soft Subversions.* trans. D.L. Sweet and C.Wiener. New York: Semiotext(e), 1996.

Harari, Juval Noah. *Home Deus: A Brief History of Tomorrow.* London: Vintage, 2017.

Haraway, Donna J. *Simians, Cyborgs and Women: The Reinvention of Nature.* New York: Routledge, 1991.

Hassan, Ihab. "Prometheus as Performer: Toward a Postmodern Culture?", in: Michel Benamou and Charles Caramello, *Performance in Postmodern Culture*, Madison, Wisconsin: Coda Press, 1977.

Hughes, James H. *Citizen Cyborg.* Basic Books, 2004.

Hughes, James. "Democratic Transhumanism 2.0". Retrieved January 26, 2007.

_____. "Cyborg Buddha ‐ IEET's James Hughes on Transhuman Enlightenment and Basic Income." Future Thinkers Podcast. IEET. Web. 19 Oct 2017.

Huxley, Aldous. *Brave New World*, New York: bantam books, Inc., 1958. Print.

Kass, Leon. "Preventing a Brave New World: why we must ban human cloning now". The New Republic. May 21, 2001.

Konovalenko, Maria. "Russians organize the "Longevity Party". Institute for Ethics and Emerging Technologies. Retrieved 14 January 2015. 26 July 2012.

Kurzweil, Raymond (2005). The Singularity Is Near: When Humans

Transcend Biology. Viking Adult. ISBN 0-670-03384-7. OCLC 224517172.

Livingstone, David. *Transhumanism: The History of A Dangerous Idea.* New York: Sabilillah, 2015.

More, Max. "Transhumanism: a futurist philosophy". Archived from the original on October 29, 2005. Retrieved November 14, 2005.

_____. "The Principles of Extropy in Brief" Extropy Institute, Vers. 3.11, 2003. Web. 19 Sept 2017.

Nayar, Pramod K. *Posthumanism.* Cambridge: Polity, 2013.

Pepperell, Robert. *Posthuman Condition: consciousness Beyond the Brain.* Bristol: Intellect Books, 2003.

Prisco, Giulio. "Italy elects first transhumanist MP." *Kurzweil Accelerating Intelligence,* 26 Aug 2012. Web. 19 Sept 2017.

Richardson, Niall and Adam Lacks. *Body Studies: The Basics.* London: Routledge, 2014. Hopkins UP, 1989.

Sandberg, Anders. "Morphological freedom -- why we not just want it, but need it". Retrieved February 21, 2006.

Schatzki, Theodore. R. *Introduction: Practice theory, in The Practice Turn in Contemporary Theory.* Eds. Theodore R.Schatzki, Karin Knorr Cetina and Eike Von Savigny. New York: Routledge, 2001, pp. 10-11.

Stock, Gregory (2002). *Redesigning Humans: Choosing our Genes, Changing our Future.* Mariner Books. ISBN 0-618-34083-1. OCLC 51756081.

Vita-More, Natasha. "Radical body design Primo Posthuman." *Kurzweil Accelerating Intelligence,* 25 Feb 2002. Web. 19 Sept 2017.

Wolfe, Cary. *Animal Rites: Animal Culture: The Discourse of Species and Posthumanist Theory.* Chicago: U of Chicago P, 2003.

김연순. 『기계인간에서 사이버휴먼으로』. 서울: 성균관대학교, 2009.

김은령. 『포스트휴머니즘의 미학』. 서울: 그린비, 2014.

김재희. 『시몽동의 기술철학: 포스트휴먼 사회를 위한 청사진』. 서울: 아카넷, 2017.

니체, 프리드리히. 『니체전집』. 강용수 역. 서울: 책세상, 2005.

박영숙, 「칼럼 - 미래 정치, 정당은 어떤 모습을 하나?」, 패션저널 & 텍스타 일라이프, 2015년05월07일, Web. 2017년 9월 19일.

복거일. 「자유민주주의 쇠하고 민중주의 득세한 이유는 '밈'」, 데일리안, 2017년 10월 25일. Web. 2017년 9월 19일 <http://www.dailian.co.kr/news/view/669188/?sc=naver>

이경란. 「기술과학적 포스트휴먼 조건과 추론소설」. 『분열된 신체와 텍스트』. 서울: 아카넷, 2017. 185-212.

_____. 「포스트휴먼시대의 포스트휴먼 담론들-트랜스휴머니즘과 포스트 휴머니즘」. 『문학동네』. 23권 2호, 2016. 1-17.

이원태 외. 「포스트휴먼(Post-Human)시대 기술과 인간의 상호작용에 대한인 문사회 학제간 연구」. 『정책연구 14-59』. 미래창 조과학부, 2014. 1-238.

이진우. 『테크노 인문학』. 책세상, 2013.

이한승. 「美노스캐롤라이나, 강제불임 피해자에게 111억 보상」, 연합뉴스, 2013년 7월 26일. Web.

임석원. 「비판적 포스트휴머니즘의 기획: 배타적인 인간중심주의 극 복」. 『인 간과 포스트 휴머니즘』. 이화여자대학교출판부, 2013. 61-82.

정형철. 『영미문학비평과 포스트모던 이론』. 부산: 부산외국어대학교 출판부, 2016.

_____. 『영미문학과 디지털 문화』. 부산: 부산외국어대학교 출판 부, 2008.

커니, 리처드. 『이방인, 신, 괴물』. 이지영 옮김. 서울: 개마고원, 2004.

헤어브레히터, 슈테판. 『포스트휴머니즘』. 김연순, 김응준. 서울: 성 균관대학교, 2012.

헤일스, 캐서린. 『우리는 어떻게 포스트휴먼이 되었는가』. 허진 역. 플래닛, 2013.

"Transhumanist Declaration." Humanity+, Web. 19 Sept 2017.
http://humanityplus.org/philosophy/transhumanist-declaration/
http://futurethinkers.org/cyborg-buddha-james-hughes-transhuman-enlightenment/

「Pros/Cons」, *Germline gene therapy*. Web. 19 Oct 2017.
https://sites.google.com/site/unstsummer2015ggt/pros-cons
http://whatistranshumanism.org/

이혜영

부산외국어대학교 대학원 영어영문학과에서 문학석사학위를 받았고 포스트휴머니즘 시대의 새로운 윤리의식에 관한 연구『타자성의 윤리학: 메리 셸리의 『프랑켄슈타인』과 비판적 포스트휴머니즘』으로 문학박사학위를 받았다. 현재 부산외국어대학교 영어학부 강사이다.

안지현

현재 인제대학교 외래교수이며 삼성, 효성, 롯데, 두산, STX 등 다수의 기업체에서 강의를 했다. 한양대학교 사범대학 졸업 후, 호주 디킨 대학교(Deakin University)에서 TESOL 석사학위, 부산외국어대학교 대학원에서 영어교육학 석사학위를 받았으며, 현재 영어영문학과 박사과정 중이다.

유수연

한양대학교 연극영화과에서 영화전공으로 학사 졸업 후, 부산외국어대학교 대학원에서 영문학 석사와 박사학위 과정을 수료했다. 저자는 인문학과 자연과학등의 학제간 연구와 비평이론에 관심이 많아, 현재 자연/과학 조건의 변화가 일어날 포스트휴머니즘 시대의 인문학적 성찰에 대해 박사학위 논문을 준비 중이다.

김예원

부산외국어대학교 대학원에서 현대미국소설을 전공하여 문학석사 학위를 받고, 동대학원에서 박사과정을 수료했다. 저자는 탈식민주의 이데올로기를 토대로 한 소수(자) 문학, 특히 인종 문제에 깊은 관심을 갖고 있다. 현재 인간/백인 중심주의를 재해석하는 새로운 개념, "포스트휴먼"에 대해 연구 중이다.

트랜스휴머니즘과
포스트휴머니즘

초판인쇄 2018년 3월 5일
초판발행 2018년 3월 5일

지은이 이혜영·안지현·유수연·김예원
펴낸이 채종준
펴낸곳 한국학술정보㈜
주소 경기도 파주시 회동길 230(문발동)
전화 031) 908-3181(대표)
팩스 031) 908-3189
홈페이지 http://ebook.kstudy.com
전자우편 출판사업부 publish@kstudy.com
등록 제일산-115호(2000. 6. 19)

ISBN 978-89-268-8342-6 92330